三訂版

小学校音楽科の学習指導

― 生成の原理による授業デザイン ―

京都教育大学教授
監修　清村百合子

あかつき教育図書

まえがき

　大学生に「音楽の授業にどのようなイメージをもっていますか？」と尋ねると，「合唱を通じてクラスが団結した思い出がある」「みんなで合奏したことが楽しかった」といった肯定的なイメージから「音楽の得意な子が活躍する教科で，苦手な子にとっては退屈な時間」「人前で歌わされたのがいやだった」といった否定的なイメージに至るまで，さまざまな声を聞く。実はここに挙げた授業イメージは，いずれも一昔前の音楽の授業像といってもよいだろう。

　というのもここ最近，前述の授業像とは全く違う光景を見かけることが増えてきた。例えば3〜4人の子どもたちが頭を突き合わせて何度も音源を聴き，自分たちが発見した音楽の特徴についてホワイトボードに書き込んでいったり，「ここはこんなイメージで歌いたいんだけど……」と楽譜に工夫を書き込んで試行錯誤しながら歌ってみたり，といった姿である。このような姿がみられるようになった背景には一体何があったのか。

　それは学校教育に対する社会全体の期待が大きく変化したことによる。平成29年改訂の学習指導要領は，これからの社会が求める人材像についての議論の延長線上に成立したものである。このとき「先行き不透明な時代を切り開いていくために，学校教育ではどういう力を育てるべきか」という将来を見据えた資質・能力ベースへと改革がなされた。変化の激しいこれからの時代は，単に知識を豊富にもっているだけでは太刀打ちできない。他者と協働して新しいアイデアや意味を生み出し，創造的に問題を解決していくことのできる能力が必要となり，学校教育でこそ，それらの能力を育むことが期待されている。これは特定の教科に限った話ではなく，全教科無論音楽科においても同様に期待されている。20年前と変わらない音楽の授業をやっていては，これからの時代に必要とされる能力を育成することはできない。新しい能力を育てるための，新しい音楽の授業を創造しなければならない，つまり「音楽科の授業観のアップデート」が今まさに求められている。

　本書は平成29年改訂の学習指導要領をベースに，次の2点を意識して企画された。ひとつは「だれもができる音楽の授業」である。いわゆる名人芸や職人芸といった，特定の教員の手腕に頼った特別な授業ではなく，教育実習生から若手教員，熟練教員に至るまで，キャリアや世代に関係なく，本書を手がかりにすれば，だれもが子どもが主体的に活躍する音楽授業を創出することが期待されている。そのため，学習指導案では単元目標や評価，活動の流れ，ワークシートなどをできるだけ具体的に示した。もうひとつは「子どもの思考を育てる授業」である。本書はいわゆる「本時案」という一時間単位の学習は示さず，「単元」全体の学習形態を示している。子どもの思考は本時のみの一時間で完結するものではなく，単元全体にわたって連続的に発展していくものである。そこには教師が一方的に「教える」授業から，子ども自身が自分の経験をつくりかえ主体的に「学ぶ」授業への転換が表れているといえよう。

　本書を通じて音楽科の授業観がアップデートされ，日本の音楽科教育が創造的に発展することを願っている。

清村　百合子

三訂版 小学校音楽科の学習指導　— 生成の原理による授業デザイン —

まえがき・・・ 3

序　章 これからの小学校音楽科教育・・・・・・・・・・・・・・・・・・・・・・・・・・・・・・・・・ 7

第1章 音楽科の目標

　　　　　　　1．教科目標・・・ 12
　　　　　　　2．学年目標・・・ 14

第2章 音楽科の指導内容と指導計画及び評価

　　Ⅰ．音楽科の指導内容
　　　　　　　1．指導内容の構成・・・・・・・・・・・・・・・・・・・・・・・・・・・・・・・・・・・・ 18
　　　　　　　2．表現の指導内容・・・・・・・・・・・・・・・・・・・・・・・・・・・・・・・・・・・ 21
　　　　　　　3．鑑賞の指導内容・・・・・・・・・・・・・・・・・・・・・・・・・・・・・・・・・・・ 27

　　Ⅱ．音楽科の学力と評価
　　　　　　　1．音楽科で育成する学力と評価の観点・・・・・・・・・・・・・・・・・・ 31
　　　　　　　2．評価の観点の趣旨・・・・・・・・・・・・・・・・・・・・・・・・・・・・・・・・・ 31
　　　　　　　3．評価の手順と方法・・・・・・・・・・・・・・・・・・・・・・・・・・・・・・・・・ 32

　　Ⅲ．指導計画の作成と内容の取扱い
　　　　　　　1．指導計画作成上の配慮事項・・・・・・・・・・・・・・・・・・・・・・・・・ 34
　　　　　　　2．内容の取扱いと指導上の配慮事項・・・・・・・・・・・・・・・・・・・ 35

　　Ⅳ．音楽科の指導計画と学習評価
　　　　　　　1．年間指導計画・・・・・・・・・・・・・・・・・・・・・・・・・・・・・・・・・・・・・ 37
　　　　　　　2．単元構成の枠組み・・・・・・・・・・・・・・・・・・・・・・・・・・・・・・・・ 38
　　　　　　　3．学習指導案の作成・・・・・・・・・・・・・・・・・・・・・・・・・・・・・・・・ 41
　　　　　　　4．学習評価の実際・・・・・・・・・・・・・・・・・・・・・・・・・・・・・・・・・・ 45
　　　　　　　《資料》年間指導計画，学習指導案の書式例，指導要録参考書式 ・・・・ 50

目 次

第3章 音楽科授業の実践

単元一覧表 ・・ 54

Ⅰ. 低学年の授業
　　1. 歌唱　かくれんぼ ・・・・・・・・・・・・・・・・・・・・・・・・・・ 56
　　2. 歌唱　かたつむり ・・・・・・・・・・・・・・・・・・・・・・・・・・ 60
　　3. 器楽　虫のこえ ・・・・・・・・・・・・・・・・・・・・・・・・・・・・ 64
　　4. 音楽づくり　売り声 ・・・・・・・・・・・・・・・・・・・・・・・ 68
　　5. 鑑賞　卵のからをつけたひなの踊り(展覧会の絵　より) ・・・・・・・ 72

Ⅱ. 中学年の授業
　　1. 歌唱　とんび ・・・・・・・・・・・・・・・・・・・・・・・・・・・・・・ 76
　　2. 歌唱　十五夜さんのもちつき ・・・・・・・・・・・・・・ 80
　　3. 器楽　たこたこあがれ ・・・・・・・・・・・・・・・・・・・・・ 84
　　4. 音楽づくり　お囃子づくり ・・・・・・・・・・・・・・・・ 88
　　5. 鑑賞　象(動物の謝肉祭　より) ・・・・・・・・・・・・・・・・ 92

Ⅲ. 高学年の授業
　　1. 歌唱　つばさをください ・・・・・・・・・・・・・・・・・・ 96
　　2. 歌唱　こげよマイケル ・・・・・・・・・・・・・・・・・・・・ 100
　　3. 器楽　越天楽今様 ・・・・・・・・・・・・・・・・・・・・・・・・ 104
　　4. 音楽づくり　民謡音階のふしづくり ・・・・・・・・・・ 108
　　5. 鑑賞　行進曲(くるみ割り人形　より) ・・・・・・・・・・・ 112

第4章 歌唱共通教材の研究

Ⅰ. 低学年の共通教材
　　1. 第1学年《うみ》 ・・・・・・・・・・・・・・・・・・・・・・・・・・・・ 118
　　2. 第1学年《かたつむり》 ・・・・・・・・・・・・・・・・・・・・・ 119
　　3. 第1学年《日のまる》 ・・・・・・・・・・・・・・・・・・・・・・・ 120
　　4. 第1学年《ひらいたひらいた》 ・・・・・・・・・・・・・・ 121
　　5. 第2学年《かくれんぼ》 ・・・・・・・・・・・・・・・・・・・・ 122
　　6. 第2学年《春がきた》 ・・・・・・・・・・・・・・・・・・・・・・ 123
　　7. 第2学年《虫のこえ》 ・・・・・・・・・・・・・・・・・・・・・・ 124
　　8. 第2学年《夕やけこやけ》 ・・・・・・・・・・・・・・・・・・ 125

目　次

Ⅱ．中学年の共通教材
9．第3学年《うさぎ》・・・・・・・・・・・・・・・・・・・・・・・・・・・・・・・・・・・・・ 126
10．第3学年《茶つみ》・・・・・・・・・・・・・・・・・・・・・・・・・・・・・・・・・・・・ 127
11．第3学年《春の小川》・・・・・・・・・・・・・・・・・・・・・・・・・・・・・・・・ 128
12．第3学年《ふじ山》・・・・・・・・・・・・・・・・・・・・・・・・・・・・・・・・・・・ 129
13．第4学年《さくらさくら》・・・・・・・・・・・・・・・・・・・・・・・・・・ 130
14．第4学年《とんび》・・・・・・・・・・・・・・・・・・・・・・・・・・・・・・・・・・・ 131
15．第4学年《まきばの朝》・・・・・・・・・・・・・・・・・・・・・・・・・・・・ 132
16．第4学年《もみじ》・・・・・・・・・・・・・・・・・・・・・・・・・・・・・・・・・・・ 134

Ⅲ．高学年の共通教材
17．第5学年《こいのぼり》・・・・・・・・・・・・・・・・・・・・・・・・・・・・ 135
18．第5学年《スキーの歌》・・・・・・・・・・・・・・・・・・・・・・・・・・・・ 136
19．第5学年《子もり歌》・・・・・・・・・・・・・・・・・・・・・・・・・・・・・・・ 138
20．第5学年《冬げしき》・・・・・・・・・・・・・・・・・・・・・・・・・・・・・・・ 139
21．第6学年《越天楽今様》・・・・・・・・・・・・・・・・・・・・・・・・・・・・ 140
22．第6学年《おぼろ月夜》・・・・・・・・・・・・・・・・・・・・・・・・・・・・ 141
23．第6学年《ふるさと》・・・・・・・・・・・・・・・・・・・・・・・・・・・・・・・ 142
24．第6学年《われは海の子》・・・・・・・・・・・・・・・・・・・・・・・・ 143

25．国　　歌《君が代》・・・・・・・・・・・・・・・・・・・・・・・・・・・・・・・・・・ 144

第5章　音楽科における関連と連携

Ⅰ．カリキュラム・マネジメント
1．カリキュラム・マネジメントとは・・・・・・・・・・・・・・・・・・・・・ 146
2．「総合的な学習の時間」との関連・・・・・・・・・・・・・・・・・・・・ 146
3．他教科との関連・・・・・・・・・・・・・・・・・・・・・・・・・・・・・・・・・・・・・ 147
4．地域との連携・・・・・・・・・・・・・・・・・・・・・・・・・・・・・・・・・・・・・・・ 148

Ⅱ．小学校と幼稚園，及び中学校とのつながり
1．幼稚園・保育所・認定こども園と小学校とのつながり・・・・・・・ 149
2．小学校と中学校とのつながり・・・・・・・・・・・・・・・・・・・・・・・・ 151
3．インクルーシブ教育・・・・・・・・・・・・・・・・・・・・・・・・・・・・・・・・ 152

資　料

楽　典・・ 154
音楽教育主要用語・・・ 156
小学校学習指導要領（音楽）・・・・・・・・・・・・・・・・・・・・・・・・・・・・・・ 163

序　章
これからの小学校音楽科教育

1．学力育成への音楽科の貢献

音楽という教科は何のために学校の教育課程にあるのだろうか。

気晴らしのためか，趣味を楽しむためか，それなら好きな人だけやったらいいのでは，と思ってきた人も多いだろう。ここで，音楽科が教育課程において担う役割について考えてみよう。

（1）これまでの学校での音楽教育

明治時代の「学制」により音楽科は「唱歌」という名称で始まった。そこでは教材として主に西洋の音楽が取り込まれた。それは明治時代まで日本の人々が楽しんできた日本の伝統的な音楽とは全く異なる音楽であった。そして西洋音楽に日本の伝統文化の趣を折衷した「文部省唱歌」が生み出された。「文部省唱歌」のいくつかは現在まで学校で扱うべき教材とされてきたことから，今でも《春がきた》《ふるさと》等は，地域，世代をこえてみんなが一緒に歌える曲となっている。このように音楽科は，唱歌という音楽文化を創造・継承し，日本全国に定着させてきたという面がある。

しかし他方で，唱歌という教科は明治から昭和初期にかけ，忠君愛国や軍国主義のための国策の道具とされてきた。みんなで声を合わせて歌うことには情緒を動かす効果があり，人々の心の統制に利用されやすいという面ももつ。

戦後は，学習指導要領に基づいた教育が行われるようになり，音楽活動の基礎的能力を高めることが重視され，演奏技能や楽典の知識の「詰め込み」の傾向がみられるようになってきた。

21世紀になると，学校教育ではこれからの正解のない未来を「生きる力」として，創造的な問題解決能力つまり思考力が求められるようになる。これまで知識・技能が学力とされてきたのが，学力観の転換がなされ，知識・技能を活用する思考力が学力とされた。そして音楽科も教科の一つとして思考力育成を担うことが求められるようになってきた。

（2）音楽的思考

では，音楽科における思考とは具体的にどういう作用を指すのか。たとえば「どの音が自分のイメージにぴったりかな」と楽器を選んだり，「もっと軽やかな感じにしたいから，跳ねるように歌ってみよう」と歌い方を工夫したりすることが思考にあたる。つまり，思考とは，子どもが自分の感性を働かせてイメージをもち，このイメージを音を使ってどのように表現したらよいのだろうと考える一連の作用である。思考作用に働く発想や選択や判断は，「記号や符号」を使ってではなく「音」を使ってなされることから「音楽的思考」と呼ばれる。

よく「子どもに主体的な音楽活動をしてほしい」と教師が口にするが，子どもが主体的に活動するということは，すなわち，子どもが音楽的思考を働かせて活動するということなのである。

このような音楽的思考は，「記号や符号」を媒介とする算数や理科などの他の教科における思考とは異なる。「音」を媒介とするゆえの特性をもち，それが人間形成に不可欠な能力を育成することにつながるのである。

2．人間形成への音楽科特有の貢献

教育課程のなかで音楽科しかできない人間形成への貢献とは何だろうか。

（1）「感じる」能力

私たちを取り巻いている世界において，音楽科は音楽的世界にかかわる教科である。そもそも，人間が音楽的世界にかかわることでどのような能力が育つのか。

それは「感じる」能力である。何を感じるのか。それはこの世界に満ちているさまざまな「質」である。生活のなかで，私たちは，雨上がりに虹を見つけてやさしい淡さにはっとする。蓮の大きな葉っぱの上を転がる露をみてその丸いキラキラした輝きにみとれる。台所でキュウリに包丁を入れ，その切り口のみずみずしさに驚く。それらは「感じる」経験であるが，それは「知る」経験ともいえる。そういった経験の状況に充満している「やさしい淡い感じ」「キラキラ感」「み

ずみずしい感じ」といった質を「認識」している
のである。そして，そのことが認識できるとい
うのは一つの能力なのである。

　ただ認識といってもここでの認識とは，事象
を記号や符号で置き換えて認識するのではなく，
事象の質を質そのままとして，自分の感性によ
り身体感覚器官を通して認識することである。
虹を，波長と屈折率の関係として数値に置き換
えてとらえるのではない。

　この，世界を質的にとらえる力を，一般的に
感性とか感受性とかいったりする。この力を音
楽科は育てることができる。なぜなら「音楽」
とは，人間が世界を質的にとらえ，とらえた質を，
音を媒介として直接的に表現したものだからで
ある。

（2）量的な見方と質的な見方

　人間がバランスよく育っていくには，世界を
量的にとらえる能力だけでなく，質的にとらえ
る能力の育成が不可欠である。「生きる力」は，
感性や想像力をもって人や事象とかかわる力が
基盤になければ成り立たない。そのためには，
事象を記号や符号でとらえて科学的に処理して
いく能力ばかりでなく，事象の質をとらえて芸
術的に表現していく能力を育てていかねばなら
ない。それを行うのが学校教育である。

　そのためには，教師になろうとする人は音楽
科教育に対するこれまでの固定観念をまず変え
る必要がある。教師が「子ども」よりも「演奏」
をみていた授業から，バランスのとれた人間形
成という観点より音楽科で養うべき力とは何か
を問い直し，質を扱うという音楽の本質をふま
えた学力を育てる授業を行っていかなければな
らない。

3．「生成の原理」による授業デザイン

　教師が外から歌い方を教え込む旧来の授業で
は，聴き映えのする演奏ができるかもしれない
が，子どもは思考をしなくても済んでいくので，
子どもの内面は何も変わらない。

　では「感じる」能力を軸にして子ども自身が

音楽的思考を進めるという新しい授業を実現す
るにはどうしたらよいだろうか。手がかりは「生
成の原理」に基づく授業デザインにある。

（1）授業デザインとは

　「授業デザイン」とは，授業の目的を設定し，
目的に合った授業展開を計画し，実践し，実践
を検証してフィードバックするという一連のサ
イクルを指す。デザインといっても授業計画だ
けを指すのではない。この用語は，教師が自分
の好きな曲を子どもに歌わせたり聴かせたりす
る授業，自身の経験だけに頼って行う授業とい
うような，教師の独りよがりの授業づくりから
の脱皮を意識した用語といえる。

　そこでは，教師は「子どもに知識・技能を伝
授する人」ではなく，「授業をデザインする人」
になる。教師は授業の目的を意識することが求
められ，目的を実現するためには，授業を構成
するさまざまな要因をどう関係づけたらよいか
考え，実践し，その結果を検証してつぎにフィ
ードバックし，よりよい授業をデザインしてい
くことになる。授業が教師の個人技に左右され
にくくなり，どの教師も目的の実現をある程度
確実に図れるようになる。

（2）「生成の原理」とは

　つぎに，新しい授業を実現するための「生成
の原理」とは何か。

　「生成」とは，外側から何かを形づくるのでは
なく，内側から徐々に形を成していくことをい
う。音楽教育で「生成の原理」という場合，自
分の外側に音楽を生み出すことと連動して自分
の内側（思考，イメージ，感情等）も新たに変
化していくという考え方をいう[1]。この立場に立
つと，子どもが自分の外側にいる教師から指示
を受けて演奏や作品をつくっていく授業ではな
く，子どもが自身の内面を働かせて演奏や作品
をつくっていく授業となる。ここでのポイント
は，演奏や作品をつくることが自分の内面と結
びついて行われるということにある。音楽活動
においてこの結びつきを重視することで，子ど
もの内面の成長が保証される。これからの音楽

科教育は「生成の原理」による授業デザインを行っていくことが，生涯にわたって生きて働く学力を育成するために求められる。

4．「生成の原理」による授業

「生成の原理」に立つと，音楽の授業は旧来の授業からどのように変わるだろうか。

（1）目的

旧来の音楽の授業は，コンサートホールで触れるような文化遺産としての音楽が演奏できるようになるとか，わかって楽しめるようになることを目的としていた。これは，ともすれば趣味や飾り物の教養のための教育になりがちであった。このようなことはカルチャーセンターや課外活動でやれることである。

一方「生成の原理」に立つと，よい音楽そのものを直接教えるのではなく，音楽的な見方，考え方という子どもの音楽へのかかわり方自体を発展させていくということが目的となる。子どもの生活に根ざした音楽的経験から出発し，学習によってそれを拡充させ，洗練させ，発展させていくことになる。文化遺産は目的ではなく，その手段として使われることになる。

（2）学力

音楽とかかわるときに基本的に働く能力は，「知覚・感受」である。「知覚」とは，音楽を形づくっている諸要素や要素間の関連を，自身の「身体感覚器官を通して」知る働きである。決して「説明の言葉や楽譜を通して」ではないことを注意したい。「感受」とは，知覚された諸要素や要素間の関連が生み出す特質（感じ）を，イメージを通して知る（何とかみたいな感じがする）働きである。知覚と感受は表裏の関係にある認識の能力である。

これまでは音楽科の学力といえば，だれもが頭に浮かべるのは，クラシックの楽曲や作曲家についての知識とか，頭声的発声や読譜の技能であろう。このような知識・技能はある非常に限定された範囲でのものであり，学校卒業後の人生にかかわりをもつかどうかは偶然にゆだね

られていた。しかし，このような知識・技能も知覚・感受と結びつけば，生涯にわたって働く力となり得る。

（3）指導内容

旧来の音楽の授業では，目標が「《もみじ》が歌えるようになること」というように活動として立てられることが多かったため，歌うのに必要な知識・技能が指導内容とされていた。

しかし「生成の原理」では，音楽を形づくっている諸要素（リズム，旋律，音色，音の重なりなど）の働きを知覚し，そして，それらが生み出す特質（感じ，よさ，雰囲気など）を感受することになる。

（4）教育方法

旧来の音楽の授業では「刺激−反応」の行動主義の学習理論が支配していた。刺激としての活動，たとえば短時間で行えるゲームとか訓練を，子どもを飽きさせないように手を変え品を変え次々とやらせていく授業がよくみられた。

他方「生成の原理」は社会的構成主義の学習理論と一致点をみる。社会的構成主義では，理解は，刺激に対する反応ではなく，子どもの内的作用（思考，イメージ，感情）によってつくり変えられていくものだという考え方をする。この考え方では，内的作用を発揮できる活動を通した学習となる。たとえば，5音音階を使って自分でイメージをもってふしをつくる活動，二部合唱の《もみじ》は斉唱の《もみじ》とはまた違った表情があることを感じ取る活動である。そして，子どもはそこに新たな意味を見いだし，再度，自分の内面をつくり変えていく。その新たな意味を見いだすには，友だちとかかわる社会的な場が求められる。他者と交流し協働する環境設定が必須となる。　　　　　（小島律子）

【注】
1）西園芳信（2017）「生成の原理」『音楽教育実践学事典』日本学校音楽教育実践学会編，音楽之友社，pp.18-19

第1章
音楽科の目標

1．教科目標

平成29年3月告示の「小学校学習指導要領」第2章第6節「音楽」では次のように音楽科教育の目標を示している。

> 表現及び鑑賞の活動を通して，音楽的な見方・考え方を働かせ，生活や社会の中の音や音楽と豊かに関わる資質・能力を次のとおり育成することを目指す。
> (1) 曲想と音楽の構造などとの関わりについて理解するとともに，表したい音楽表現をするために必要な技能を身に付けるようにする。
> (2) 音楽表現を工夫することや，音楽を味わって聴くことができるようにする。
> (3) 音楽活動の楽しさを体験することを通して，音楽を愛好する心情と音楽に対する感性を育むとともに，音楽に親しむ態度を養い，豊かな情操を培う。

この目標は，【音楽的な見方・考え方】と【音楽科で育成する資質・能力】の2つの部分に分けて読むとわかりやすい。

音楽科の目標
【音楽的な見方・考え方】
【音楽科で育成する資質・能力】 　生活や社会の中の音や音楽と豊かに関わる資質・能力 　(1)「知識及び技能」 　(2)「思考力・判断力・表現力等」 　(3)「学びに向かう力，人間性等」

(1)【音楽的な見方・考え方】とは

目標に「音楽的な見方・考え方」が示されたことは，平成29年学習指導要領改訂の大きな特徴である。では「見方・考え方」がなぜ大事なのか。

私たちが生きて生活している世界は，さまざまな意味が融合された世界である。そこには自然科学的な意味，社会科学的な意味，芸術的な意味，宗教的な意味，倫理的な意味等が見出せる。学校での各教科は，それぞれの教科固有の見方・考え方を子どもに育てることで，子どもは世界を見るための視点を得て，豊かな意味の世界を実感することが可能となる。そこで，音楽科は，ただ楽器の演奏を上手くさせる，歌を好きにさせる，ということではなく，音楽科固有の見方・考え方を子どもに育てることが期待される。そして，音楽的な見方・考え方は，音楽科を学ぶ本質的な意義の中核をなすものとさ

れている。

音楽的な見方・考え方とは，具体的にどういうものなのか。それは，学習指導要領解説では「音楽に対する感性を働かせ，音や音楽を，音楽を形づくっている要素とその働きの視点で捉え，自己のイメージや感情，生活や文化などと関連付けること」であるとされている。

第1に，児童が，音楽に接したときに，音楽を形づくっている要素を聴き取り（知覚），それらの働きが生み出すよさや面白さ，美しさを感じ取る（感受）という対し方ができるということである。音楽を形づくっている要素とは，音色やリズム，速度，強弱，反復，呼びかけとこたえなどである。音楽に接してただ「いいな」と感覚的に感じて終わるのではなく，自分が「いいな」と思ったところは音楽のどんなところなのかを自分自身に問うという視点をもつことである。自分自身に問うことで「あそこの弾むリズム（知覚）が気分を浮き立たせてくれる（感受）」という見方・考え方が引き出される。音楽へのこのような見方・考え方は，個人の音楽的感受性が基になっている。ここで音楽が引き出してくれたイメージや感情が，自分にとっての音楽の意味になるのである。

第2に，音楽が形づくられていくには，背後に人間の生活や文化とのかかわりがある。例えば，《ソーラン節》は，漁師たちが魚を取る労働の様子を表している民謡である。そこには漁師たちの魚を取る時の掛け声や，みんなが協力し合う漁師たちの生活がある。この歌を歌う際，自然的にリズムを整える掛け声や，喜びの生活場面をイメージして，音楽を形づくっていくことになる。

このように「この音楽はいったいどのように生まれてきたのだろう」と問うことで，音楽の背後にある生活や文化がみえてくる。そして，生活や文化との関わりを視野に入れて音楽をとらえることで，自分にとっての音楽の意味がより深くなり，充実したものとなる。

つまり，音楽の表現や鑑賞の活動では，音楽をその音楽に関わる背景や文化などと関連付け

ることによって「音楽的な見方・考え方」がよりいっそう働くことが期待される。音楽科では，このような音楽的な見方・考え方を働かせ，次に示す資質・能力を育成することとなっている。

（2）【音楽科で育成する資質・能力】とは

それは「生活や社会の中の音や音楽と豊かに関わる資質・能力」である。

ここで子どもが関わる「音楽」は「生活や社会の中の音や音楽」とされている。この「音楽」のとらえ方に注目したい。音楽を教科書の範囲内に限定していない。学校教育の音楽科で捉えている「音楽」は広義的なものであって，教科書の楽曲やホールで演奏する音楽以外に，竹林をぬける風や雨だれの音，鳥の鳴声などの自然の音や，あるいは労働や祭りや遊びの際の歌や踊りを含む。ここには人間が生活の中で音楽を生み出しそれが文化として社会に機能するという，音楽の生成過程を含めた広義的な「音楽」という捉え方がある。このような捉え方をすることで，はじめて教科としての「音楽」の意義が生まれてくる。従って，学校で行われている表現や鑑賞の音楽活動では，子ども一人ひとりが音楽へ働きかけることが必要であり，その働きかける能力を育てることが教科の目標となる。そしてこの目標を達成するために，下位の3つの資質・能力が示されている。それは，①音楽の「知識及び技能」の習得，②「思考力，判断力，表現力等」の育成，③「学びに向かう力，人間性等」の涵養という3本の柱による目標である。

（3）「音楽科で育成する資質・能力」の3つの目標

音楽的な見方・考え方を働かせる学習によって，「知識及び技能」，「思考力・判断力・表現力等」，「学びに向かう力，人間性等」の資質・能力の育成が期待されている。

1）「知識及び技能」の習得に関する目標

「曲想と音楽の構造などとの関わりについて理解する」ことと，「表したい音楽表現をする

ために必要な技能を身に付ける」ことの2つの具体的な習得目標がある。

理解させるべき知識として，「曲想と音楽の構造などとの関わり」と示している。「曲想」とは，その音楽に固有の雰囲気や表情，味わいのこと，そして「音楽の構造」とは，音楽を形づくっている要素の表れ方や，音楽を特徴付けている要素と音楽の仕組みとの関わり合いである。「曲想と音楽の構造などとの関わりについて理解する」とは，表現や鑑賞の活動を通して，対象となる音楽に固有の雰囲気や表情等を感じ取りながら，「音楽から喚起される自己のイメージや感情」と「音楽を形づくっている要素の表れ方や，音楽を特徴付けている要素と音楽の仕組みとの関わり合いなどとの関係」をとらえ，理解することである。

「技能」とは，歌を歌う技能，楽器を演奏する技能，音楽をつくる技能を含む。

2）「思考力・判断力・表現力等」の育成に関する目標

「音楽表現を工夫する」は，表現領域に関する目標。思いや意図をもって音楽表現の仕方を考えることである。歌唱や器楽では曲の特徴にふさわしく，速度や強弱等の工夫をすること，音楽づくりでは音を出しながら曲のまとまりを考えることになる。

「音楽を味わって聴く」は，鑑賞領域に関する目標。音楽を聴いて持ったイメージや感情の根拠を音楽の構造に探すこと，そして，そこに自分にとっての音楽のよさや面白さ等を見出し，曲全体を聴き深めることである。

3）「学びに向かう力，人間性等」の涵養に関する目標

ここでは次の5つの下位の目標が示されている。「音楽活動の楽しさを体験する」，「音楽を愛好する心情を育む」，「音楽に対する感性を育む」，「音楽に親しむ態度を養う」，「豊かな情操を培う」である。

「音楽活動の楽しさを体験する」とは，主体的，創造的に表現や鑑賞の活動に取り組む楽しさを実感することである。

「音楽を愛好する心情を育む」とは，児童が心から音楽を愛好し，学校の授業だけでなく，

生活の中に音楽を生かそうとする態度を育むということである。

「音楽に対する感性を育む」とは，音楽的感受性を育むことである。音楽的感受性とは，感覚を通してその音楽が生み出すよさや面白さ等を感じ取る力である。表現及び鑑賞の活動の根底に関わるものである。

「音楽に親しむ態度を養う」とは，我が国の音楽や諸外国の様々な音楽，及び様々な音楽活動に関心をもち，積極的に関わっていこうとする態度である。これは音楽科における学びに向かう力の要となり，生涯にわたって音楽に親しみ，音楽文化を継承，発展，創造していこうとするための基本的な力である。

「豊かな情操を培う」とは，美しいものや優れたものに接して感動するという美的情操を培うことである。それは美，善，崇高なるもの等の価値に通じる。音楽科の終極的な目標ともいえる。 （董芳勝）

2．学年目標

「学年目標」とは音楽科の教科目標を実現するために，児童の発達段階に即して学年ごとに示した目標のことである。第1・2学年，第3・4学年，第5・6学年というように，2学年まとめて低学年，中学年，高学年のくくりで設定されている。では，学年目標は，低学年，中学年，高学年とどのように変化していくのだろう。

（1）学年を通して共通する枠組み

学年の違いをみる前に，まず，低学年，中学年，高学年に共通しているものは何かをみていきたい。各学年の目標は，次の音楽科の教科目標の(1)〜(3)の3つの柱に対応して設定されている。この枠組みは全学年に共通している。

　(1)「知識及び技能」の習得に関する目標
　(2)「思考力，判断力，表現力等」の育成に関する目標
　(3)「学びに向かう力，人間性等」の涵養に関する目標

低学年の学年の目標は以下のように示されて

いる。下線部分は低・中・高学年に共通している文言に筆者が下線を加えたものである。

(1) 知識及び技能	曲想と音楽の構造などとの関わりについて気付くとともに，音楽表現を楽しむために必要な歌唱，器楽，音楽づくりの技能を身に付けるようにする。
(2) 思考力，判断力，表現力等	音楽表現を考えて表現に対する思いをもつことや，曲や演奏の楽しさを見いだしながら音楽を味わって聴くことができるようにする。
(3) 学びに向かう力，人間性等	楽しく音楽に関わり，協働して音楽活動をする楽しさを感じながら，身の回りの様々な音楽に親しむとともに，音楽経験を生かして生活を明るく潤いのあるものにしようとする態度を養う。

(1)「知識及び技能」とは，曲想と音楽の構造などとの関わりについて理解することが「知識」であり，表したい音楽表現をするために必要な技能を身に付けることが「技能」である。

(2)「思考力，判断力，表現力等」とは，音楽表現を工夫したり，音楽を聴いて自分にとっての音楽のよさなどを見いだしたりする力である。

(3)「学びに向かう力，人間性等」とは，生涯にわたって音楽に親しみ，音楽文化を継承，発展，創造していこうとするための基本的な力を養い，豊かな情操を培うことをさす。

以下，3つの柱についてそれぞれ詳しく説明していきたい。そのなかで低・中・高の学年の違いについて指摘していく。

（2）「知識及び技能」について
1）「曲想と音楽の構造などとの関わり」

知識については，全学年通して「曲想と音楽の構造などとの関わり」を理解することが挙げられている。「曲想」とは「重々しい」「なめらか」といった，楽曲から感じ取れる雰囲気や表情やイメージである。「音楽の構造」とは音楽を形づくっているさまざまな要素間の関係である。具体的には音色，リズム，速度といった音楽を特徴付けている要素の表れ方や，反復，呼びかけとこたえといった音楽の仕組みとの関わり合いである。

「曲想」は「音楽の構造」から生み出される

という関係にある。「音楽の構造など」となっているのは，歌の場合は要素だけでなく歌詞も関係してくるからである。

そして，感じ取った「曲想」と「音楽の構造」とがどのように関係しているのかを理解することが「知識」とされている。例えば，耳にした音楽を「全体的になめらか」と感受したとする。これが「曲想」である。「この音楽はどうしてなめらかな感じがするのかな」と意識して音楽を聴いてみる。そこで，この音楽の旋律を奏でている楽器の音色が流れるように響いているということを知覚する。また旋律線も大きな山を描くように上行して下行していることを知覚する。知覚した音色も旋律も音楽を形づくっている要素である。そして，この楽器の音色や旋律の動きによって「全体的になめらか」と感じたのだと，知覚と感受を結び付ける。そこに「この音色をもつ楽器はバイオリンというんだ。旋律の動きは大きく上行して下行している。だからなめらかさを感じたのだ。」と用語を介して理解する。この内容が「知識」となる。

学年が上がるとともに，このような知覚と感受の結び付きに「気付く」から「理解する」へと質的に高めていくことが期待されている。ただし「気付く」となっている低学年の学習においても，用語を介した理解が求められているのは言うまでもない。

2）音楽表現をするための技能

また，技能については，「音楽表現」をするための「歌唱，器楽，音楽づくりの技能」が挙げられている。音楽表現のための技能にはいろいろあるが，ここでは歌う・楽器を演奏する・音楽をつくる技能を習得することが目標とされている。

留意すべきはここでの技能は表現する「ための」技能であるという点である。自分がどう表現したいかということに関係なく，発声や楽器演奏の技術だけを習得するということではない。自分が感受した曲想や表現したいイメージや意図を表現する「ための」技能を習得するのである。

表現したい思い，イメージ，意図を人に伝わるように表現するためには，自分の声や身体，楽器，楽譜などの「道具」を使うことになる。表現するために道具をどう扱ったらよいかわかり，実際に使えるということが「技能」になる。

例えば低学年の歌唱教材《かくれんぼ》で，子どもが「もういいかい，まぁだだよ」という「呼びかけとこたえ」を知覚し，「お話しするみたい」「仲良しの感じ」と感受したとする。この「お話するみたい，仲良しの感じを表すためにはどう歌ったらよいだろう」，「向かいにいるＡくんに呼びかけるように声を出してみよう」というように自分で考えたり，友だちとアイデアを出し合ったりして声の出し方をいろいろ試す。そこに技能が身に付く。このように，表現を工夫する筋道で表現の技能を身に付けるように指導する必要がある。

これらの技能については，発達に即して全学年通して習得していくことになっている。

（3）「思考力，判断力，表現力等」

「音楽表現を考えて表現に対する思い（中学年以上は思いや意図）をもつこと」「曲や演奏の楽しさ（中学年以上はよさなど）を見いだしながら音楽を味わって聴くこと」が「思考力，判断力，表現力等」として挙げられている。

1）表現活動の場合

「思考力，判断力，表現力等」とは，音楽表現をする場合は，表現をつくりあげるまでの過程に働く一連の思考のことを指す。例えばマラカスを振って鳴らし，聴こえてきた音を「シャカシャカ」というように知覚し，「雨みたいな感じがする」と感受したとする。「じゃあ，このマラカスで雨の降る様子を表したい」というのが「思い」をもつことである。さらにマラカスを揺らすと「シャー」という音色も聴こえる。「シャカシャカは雨がたくさん降っているみたいだけど，こっち（シャー）はちょっとだけ降っている感じ」と音を鳴らしながら知覚と感受が深まっていく。そこで，「始めは少し雨が降っていて，急にたくさん降ってきたように鳴らそう」というように「意図」をもってマラカスを

15

鳴らしていくことになる。この「マラカスは雨みたいな音がするから雨の降る様子を表したい」と「思い」をもち、さらに鳴らすことでマラカスのいろいろな音色に気付き、「始めは少し雨が降っていて、急にたくさん降ってきたように鳴らそう」と「意図」をもって表現しようとしている姿が、思考が働いている姿である。

では、低・中・高学年を通しての発達は学習指導要領ではどう捉えられているか。

全学年とも「音楽表現を考えて」とされる。その上で、低学年では表現に対する「思いをもつこと」、中学年及び高学年では表現に対する「思いや意図をもつこと」とされ、音楽表現に対する考えが質的に高まっていくものと捉えられている。しかし、低学年の音楽表現においても「意図」をもたずに表現するわけではない。各学年の発達に即して「思いや意図」をもって音楽表現できるよう指導することが求められる。

2）鑑賞活動の場合

つぎに、音楽を鑑賞する場合の「思考力、判断力、表現力等」とはどういうものか。

それは音楽を味わって聴く過程に働く一連の思考をさす。例えば中学年の鑑賞教材、サン・サーンス作曲の《白鳥》から全体的な曲想を「優雅な感じ」と感受したとする。その感受は音楽の構造のどこから生み出されるのか、再度聴いて確かめ、その優雅な感じはチェロの音色や上下動がなめらかな旋律から生み出されると知覚する。チェロの音色や旋律を知覚・感受し、さらに音楽を聴くと、伴奏のピアノの音色や旋律、リズムも耳に入ってくるようになる。「このピアノの十六分音符の細かいリズムと、上下に行き来する旋律とチェロのなめらかな旋律とが重なっている」と知覚が広がり、「湖の波が揺れていて、そこに白鳥が優雅に渡っていくような感じ」と感受も深まっていく。この知覚・感受をもとに「《白鳥》はピアノとチェロが重なっていて、さざ波が立つ湖を白鳥が優雅に渡っている感じを醸し出している」と意識したことがその子にとっての楽曲の「よさ」である。この楽曲の「よさ」を知覚・感受して他者に伝えよ

うとしたり、自分にとって価値あるものとして位置付けたりする姿が、思考が働いているという姿である。

では、低・中・高学年を通しての発達は学習指導要領ではどう捉えられているか。

全学年とも「音楽を味わって聴くことができるようにする」こととされる。その上で何を味わうかといえば、低学年では楽曲の「楽しさ」、中・高学年では「よさなど」と文言が変わっている。しかし、内容的には同じことである。音楽に対して、子どもが自分にとってのよさや価値を味わえるように指導することが求められる。

（4）「学びに向かう力、人間性等」

「学びに向かう力、人間性等」の内容として、「音楽に関わり、協働して音楽活動をする楽しさを感じる」、「様々な音楽に親しむ」、「音楽経験を生かして生活を明るく潤いのあるものにしようとする態度を養う」が挙げられている。これらの内容を、キーワードによって説明する。

1）キーワード「協働」

協働して、能動的に音楽と関わる姿が目指されている。例えば、グループで曲想から感じ取ったことを話し合いながら、一人ひとりが表現への思いを明確にし、合奏をつくり上げていくような姿である。低学年では「楽しく」、中学年では「進んで」、高学年では「主体的に」と文言が変えられ、音楽との関わり方が質的に高まっていくように示されている。

2）キーワード「多様な音楽」

日本や諸外国の様々な音楽、様々な音楽活動に関心をもち、親しむ音楽の範囲を広げていく態度が目指されている。低学年では「身の回りの様々な音楽」、中・高学年では「様々な音楽」とされ、発達に即して子どもが出会う音楽の範囲を広げていくように示されている。

3）キーワード「生活」

全学年を通じて生活の中に音楽を生かそうとする態度が目指されている。　　（鉄口真理子）

【参考文献】
・「小学校学習指導要領」（平成29年）
・「小学校学習指導要領解説　音楽編」（平成29年）

第2章
音楽科の指導内容と指導計画及び評価

Ⅰ．音楽科の指導内容

1．指導内容の構成
（1）音楽科の指導内容
1）音楽科の指導内容とは何か

　音楽の授業といえば，先生のピアノ伴奏に合わせて歌を歌ったり，みんなで楽器を演奏したりする光景が思い浮かぶだろう。では，そのような活動を通して教師は「何を」教えようとしているのだろうか。「合唱する楽しさ」だろうか，「リコーダーを間違わずに吹けるようにすること」だろうか。

　そうではない。歌ったり演奏したりというような活動を通して，教師が子どもに獲得してもらいたいと考える内容が指導内容なのである。つまり，活動を通して子どもが学ぶことが期待される内容が指導内容であって，活動そのものが指導内容になるのではない。

2）学習指導要領において指導内容はどのように示されているか

　学習指導要領には，指導内容が「指導事項」と〔共通事項〕の2種類として示されている。

　では「指導事項」はどこに示されているか。

　まず，音楽科には「A表現」「B鑑賞」という2つの領域がある。

　音楽科ではいろいろな音楽活動を行う。歌を歌ったり，楽器を演奏したり，音楽をつくったり，音楽を聴いたりすることなどである。学習指導要領では，このようないろいろな音楽活動を「A表現」「B鑑賞」という2つの領域でまとめている。

　「A表現」には，歌を歌う，楽器を演奏する，音楽をつくる活動が入り，それらは「歌唱」「器楽」「音楽づくり」の3つの活動分野となっている。「B鑑賞」には，ある音楽を聴いてそのよさを味わう活動が入り，それは「鑑賞」という一つの活動分野となっている。

　この「A表現」「B鑑賞」の領域において指導すべき内容は，活動分野ごとに示されている。この活動分野ごとに示された内容が「指導事項」である。

　そして，さらに，すべての活動分野に共通して指導すべき内容として〔共通事項〕というものが示されている。「指導事項」と〔共通事項〕との関係を表にすると以下のようになる。

A表現			B鑑賞
（1）歌唱	（2）器楽	（3）音楽づくり	（1）鑑賞
指導事項	指導事項	指導事項	指導事項
〔共通事項〕			

　〔共通事項〕は「A表現」と「B鑑賞」の両領域を支える基盤となるものである。

（2）〔共通事項〕
1）〔共通事項〕とは何か

　「A表現」「B鑑賞」のすべての活動分野で共通に指導すべき内容が〔共通事項〕である。その内容は以下のように示されている（下線筆者）。

> ア　<u>音楽を形づくっている要素</u>を聴き取り，それらの働きが生み出す**よさや面白さ，美しさ**を感じ取りながら，聴き取ったことと感じ取ったこととの関わりについて考えること。【思考力，判断力，表現力等】
>
> イ　<u>音楽を形づくっている要素</u>及びそれらに関わる音符，休符，記号や用語について，音楽における働きと関わらせて理解すること。【知識】

　つまり，「音楽を形づくっている要素」が〔共通事項〕の学習の対象になる。

2）「音楽を形づくっている要素」とは何か

　ものには何でも「かたち」がある。音楽の「かたち」は，音を素材として，音をつないだり，重ねたり，組み合わせたりしてつくられている。この，音楽を「かたち」にしていくときに働くのが，音楽の構成要素と構成原理である。

　構成要素には「音色，リズム，速度，旋律，強弱，音の重なり，和音の響き，音階，調，拍，フレーズ」などがある。学習指導要領では「音楽を特徴付けている要素」と記している。

　構成原理とは，音を音楽に構成していく原理であり，学習指導要領では「音楽の仕組み」と記している。それには，「反復，呼びかけとこたえ，変化，音楽の縦と横との関係」などがある。

　「音楽を形づくっている要素」とは，このような音楽の構成要素と構成原理を含むものとし

18　第2章　音楽科の指導内容と指導計画及び評価

て示されている。そして「音楽を形づくってい
る要素」が学習の対象となれば，当然それが生
み出す「よさや面白さ，美しさ」も同時に学習
の対象になる。

3）「『音楽を形づくっている要素』及びそれらに関わる記号や用語」とは何か

「音楽を形づくっている要素」の働きは，音
楽を人に伝達するとき，符号・記号や用語で表
されてきた。例を挙げれば，楽譜に使われて
いる「ト音記号，五線と加線，音符，休符，強
弱を表すフォルテやピアノ記号，拍子記号，ス
ラー，タイ」などである。

「音楽を形づくっている要素」及び音楽の記
号や用語は，児童の発達段階や指導のねらいに
応じて6年間を通して指導すべき内容とされて
いる。

（3）〔共通事項〕はなぜすべての音楽活動に必須なのか

〔共通事項〕の学習はすべての音楽活動の基
盤となるとされている。なぜなのだろうか。そ
れは，〔共通事項〕の学習が音楽科の基礎的な
能力を育成するからである。

では，音楽科の基礎的な能力とは何か。それ
は，音楽の「かたち」を知覚し，「なかみ」を
感受し，両者を関係づける能力である。

1）音楽の「かたち」を知覚

音楽の「かたち」がどうなっているかをとら
えるのは，人間の「知覚」という作用である。「知
覚」とは身体諸感覚器官を通してモノをとらえ
ることをいう。音楽では聴覚を中心とした身体
諸感覚器官を使う。この「知覚」のことを学習
指導要領では「聴き取り」としている。

2）音楽の「なかみ」を感受

そして，音楽の「かたち」をつくる要素や仕
組みは，「〇〇みたい」という感じを生み出す。
それが「なかみ」である。「なかみ」とは人が
音楽を聴いて「かたち」から受ける「感じ」の
ことである。学習指導要領では「よさや面白さ，
美しさ」と言い表している。「感じ」「曲想」「雰
囲気」「よさ，面白さ，美しさ」等は，音楽の

「かたち」が生み出す音楽の特質であり，子ど
もにとっては「〇〇みたい」とイメージとして
とらえられる。音楽の「なかみ」をとらえる
ことを「感受」という。この「感受」のことを学
習指導要領では「感じ取る」としている。

3）知覚と感受の関係づけ

〔共通事項〕にある「聴き取ったことと感じ
取ったこととの関わりについて考えること」と
は，〈知覚したこと〉と〈感受したこと〉を結
びつけることである。

例えば，鑑賞で箏と尺八で演奏された《春の
海》とハープとフルートで演奏された《春の
海》を聴いたとしよう。その時，尺八の音色はフルー
トの音色とは違うと区別できることが「知覚」
するということである。そして，その音色を区
別するときに「尺八の音色はフルートの音色に
比べて力強くて勢いのある和の感じがする」と
いうように，自分はどう受け止めるかというこ
とが「感受」するということである。

「尺八の音色はフルートの音色に比べて力強
くて勢いのある和の感じがする」というように，
知覚と感受を結びつけて音楽をとらえることが
鑑賞学習の「楽曲全体を味わう」というねらい
につながっていく。

このように「知覚・感受」が基となって音楽
活動を広げ深めていくことが可能となることか
ら，〔共通事項〕の知覚・感受は，音楽科の基
礎的な能力といえる。

（4）「指導事項」とは何か

これまで述べてきた〔共通事項〕の他に，音
楽科では「歌唱」「器楽」「音楽づくり」「鑑賞」
の4つの活動分野ごとにそれぞれ「指導事項」
が示されている。「指導事項」とは，各活動分
野の学習を通して身に付けることが期待される
資質・能力について示された項目である。

1）資質・能力とは何か

学習指導要領が目指す資質・能力は，学校教
育法の〈学力の3要素〉から示されている。そ
れは「知識及び技能」「思考力・判断力・表現力
等」「学びに向かう力，人間性等」の3つである。

音楽科では以下のようになっている。

> 「知識及び技能」：曲想と音楽の構造などとの関わりについて理解するとともに，表したい音楽表現をするために必要な技能を身に付けるようにする。
> 「思考力・判断力・表現力等」：音楽表現を工夫することや，音楽を味わって聴くことができるようにする。
> 「学びに向かう力，人間性等」：音楽活動の楽しさを体験することを通して，音楽を愛好する心情と音楽に対する感性を育むとともに，音楽に親しむ態度を養い，豊かな情操を培う。

２）「指導事項」はどういう構造をもつのか

「歌唱」「器楽」「音楽づくり」「鑑賞」の４つの活動分野における「指導事項」は，上記の資質・能力のうち，「知識及び技能」「思考力・判断力・表現力等」に対応した事項を示している。

この「知識及び技能」の層と「思考力・判断力・表現力等」の層は，相互作用の関係にある。

相互作用は例えばつぎのように行われる。新しい教材に出会ったとき，まず，これまで生活や学校で身に付けてきた「知識及び技能」を使って，教材に働きかける。そのとき，どんな知識・技能を使うのか，どのように使うのか，考え試すのは「思考力・判断力・表現力等」である。そして，「こんな感じに演奏したい」と思いや意図を表現するためにいろいろ試すことで，「この軽く弾むような感じを出したいときは手首をこう使ったらよいのだ」，「この素朴な感じのする音階は民謡音階というのだ」と新たな「知識及び技能」が身に付いていく。そして，次の活動では，これが既習の「知識及び技能」となって活用される。

「歌唱」「器楽」「音楽づくり」「鑑賞」の４つの活動分野における「指導事項」（ア，イ，ウ等）は，このような資質・能力の２層から設定されている。

そして，「学びに向かう力，人間性等」は「思考力・判断力・表現力等」「知識及び技能」の相互作用の成果として培われ，また同時に，この相互作用を推進していくものとなる。

３）歌唱の「指導事項」ア，イ，ウは具体的にどのような関係になっているのか

歌唱の「指導事項」として示されているア，イ，ウの要点をまとめる。

歌唱	ア　曲の特徴にふさわしい歌唱表現を工夫し，思いや意図をもつこと。
	イ　曲想と音楽の構造や歌詞の内容との関わりについて理解すること。
	ウ　思いや意図に合った表現をするために必要な歌う技能を身に付けること。

アの事項は「思考力・判断力・表現力等」，イ，ウの事項は「知識及び技能」に対応する。

このアは，例えば《かくれんぼ》を教材とした場合，「まあだだよ」の部分を「隠れているのがわからないように歌いたいので，だんだん小さくしていって最後はささやくように歌おう」というように，どのように歌えばよいかを考え，歌い方をいろいろと試してどれが合っているか判断することを指す。これは「思考力・判断力・表現力等」に対応する。

イとウは，この曲は「もういいかい」という鬼役と「まあだだよ」という子ども役がやりとりをする「呼びかけとこたえ」という形の歌であるということを知り，鬼役と子ども役の歌い方を変えようと意図し，実際に意図したように歌うことができることを指す。これは「知識及び技能」に対応する。

そして，このア，イ，ウは相互に関連し合って機能するので，それぞればらばらに指導するのではなく，ア，イ，ウを関連させて指導することが必須となる。

４）各活動分野における「指導事項」

「歌唱」で示したように，「器楽」「音楽づくり」「鑑賞」の活動分野についてもそれぞれ身に付けさせたいア「思考力・判断力・表現力等」とイ・ウ「知識及び技能」が「指導事項」として示されている。以下は，その内容の要点をまとめたものである。

(1) **歌唱**	ア	曲の特徴にふさわしい歌唱表現を工夫し，思いや意図をもつこと。
	イ	曲想と音楽の構造や歌詞の内容との関わりについて理解すること。
	ウ	思いや意図に合った表現をするために必要な歌う技能を身に付けること。
(2) **器楽**	ア	曲の特徴にふさわしい器楽表現を工夫し，思いや意図をもつこと。
	イ	曲想と音楽の構造との関わり，楽器の音色や響きと演奏の仕方との関わりについて理解すること。
	ウ	思いや意図に合った表現をするために必要な演奏技能を身に付けること。
(3) **音楽づくり**	ア	音楽づくりの発想や構想を得て，音楽をつくることを工夫し，思いや意図をもつこと。
	イ	音色や音楽の仕組みなどの特徴について理解すること。
	ウ	発想を生かした表現や，思いや意図に合った表現をするために必要な技能を身に付けること。
(1) **鑑賞**	ア	曲や演奏のよさなどを見いだし，曲全体を味わって聴くこと。
	イ	曲想及びその変化と，音楽の構造との関わりについて理解すること。

（5）「指導事項」と〔共通事項〕の関係

　「指導事項」と〔共通事項〕は，どのような関係にあるのか。〔共通事項〕は単独の学習にはせず，表現や鑑賞の学習に組み入れて行わねばならない。そして，そこに「指導事項」を組み入れる。例を歌唱《とんび》で示す。

① 《とんび》は３段目の旋律の動きが他の段と異なっているところに特徴がある。この特徴は〔共通事項〕の中の「旋律」になるとみた場合，この「旋律」を知覚・感受できるような活動を組む。

② 歌ってみて３段目が他の段と違っていることに気付いたら，３段目がどうなっているか音楽活動を通して捉える。歌ったり聴いたりして「短い旋律が繰り返されている」「音が上がったり下がったり激しく動いている」と知覚する。そして「親子のとんびが近くで鳴いたり，遠くで鳴いたりして呼び合っているように感じる」というイメージをもってその特質を感受する。知覚・感受した内容は「指導事項」の「イ」になる。

③ 知覚・感受した内容は「指導事項」の「ア」

につながる。「親子のとんびが近くや遠くで呼び合って鳴いている」というイメージを歌で伝えるために，交互に歌う，強弱を付けるなど歌い方をいろいろ考えて試す。

④ 歌い方を試す過程で，身体を使って歌唱の技能を身に付けていく。最初の旋律は強く，２つ目の旋律は音が低いので弱く歌おうと身体の使い方がコントロールされる。このような表現の意図は常に〔共通事項〕の「旋律」の動きの知覚・感受を基に考えられ，その結果，知識や技能が身に付く。「指導事項」の「ウ」になる。

　以上のように，表現するための知識・技能やそれを活用する思考力は，〔共通事項〕である音楽の「かたち」と「なかみ」を知覚・感受した上で身に付くものである。　　　（衛藤晶子）

２．表現の指導内容
（1）なぜ指導内容が必要なのか

　音楽科の学習指導案を考える上で，最も大切なことは教材や活動を通して「何を」学ぶのかを明確にすることである。

　これまでの音楽の授業の多くは「教材曲を教える」ということに重点が置かれ，その教材曲を歌ったり演奏したりする活動を通して「何を学んだのか」が実感できない授業が多かった。しかしながら近年，音楽科の学力育成という社会からの要請を背景に，音楽科においてもひとつの単元で教えるべき「指導内容」を明確にすることの重要性が認識され始めてきた。

　学校教育における音楽科の役割は音楽科の学力を育成する点にある。その中核は「知覚・感受力」である。そこで知覚・感受の対象となる「指導内容」を明確にする必要が出てきたのである。

（2）指導内容とは何か

　では音楽科において「指導内容」とは一体何か。それは《つばさをください》というような「教材曲」のことを指すのではなく，教材曲を歌ったり演奏したりするなどして「活動を通し

21

て子どもが学ぶべき事項」のことを指す。

　例えば《つばさをください》を歌唱する活動を通して，子どもたちは「強弱」について学んだり，「旋律の動き」について学んだりする。この場合，「歌唱する」ことが指導内容になるのではなく，「強弱」や「旋律の動き」が指導内容となる。学習指導要領では，指導内容は〔共通事項〕や「指導事項」に示されている。

　音楽科の学習指導案を作成するにあたって，まずは「指導内容」を明確化かつ焦点化する必要がある。それによって学習活動は筋の通った充実したものとなり，子どもたちに確実に音楽科の学力が育つのである。

（3）指導内容を設定する手順

　ここでは表現のそれぞれの活動分野において「指導内容」をどう設定すればよいのか，その具体的な手順について示す。

1）歌唱の活動

　歌唱の活動とは，歌唱共通教材や教科書教材，それ以外にも様々な楽曲を教材として子どもたちが歌を歌うという活動である。では歌唱の授業において指導内容はどう設定すればよいのか。

① 音楽の「かたち」と「なかみ」を探る

　まず歌唱教材を特徴付けているものは何か，音楽の「かたち」および「なかみ」の観点より探る。音楽の「かたち」とは音楽を形づくっている要素とその仕組みのことであり，例えば，音色・リズム・旋律・重なり・速度・強弱等がある。一方，音楽の「なかみ」とは音楽の「かたち」が生み出す特質，曲想，雰囲気，イメージなどのことを指す。

　自分でその教材曲を歌ってみたり，聴いてみたり，あるいは楽譜で確認したり，文献で教材曲の背景について調べたりするなどして，音楽の「かたち」と「なかみ」の観点から教材曲について知る。

　例えば《つばさをください》という歌唱教材がある。これを第5学年の授業で扱うと想定する。《つばさをください》を特徴付けている音楽の「かたち」や「なかみ」には何があるだろ

うか。この曲は「いま〜わたしの〜」から始まる前半と，「この大空に　つばさをひろげ」から始まる後半に分けることができる。前半は語りかけるような雰囲気をもち，後半はそれを打ち破るような広がりをもつ。このように「二部形式」という音楽の「かたち」が「対照的な雰囲気」という音楽の「なかみ」を生み出している。あるいは前半と後半をつなぐ「つけてくださーーーいーー」と7拍分を伸ばすクレシェンド（だんだん強くしていく）という音楽の「かたち」もこの曲の特徴的な部分である。このクレシェンドの存在によって，開放感や希望あふれる雰囲気が生まれている（音楽の「なかみ」）。その他，後半から二部に分かれて歌うことから「音の重なり」という特徴を見いだすこともできる。

　このように《つばさをください》という一曲を取り上げてみても，「形式」や「強弱」，「音の重なり」などいくつかの音楽の「かたち」から成り立っていることがわかる。それらがその曲独自の雰囲気やイメージや曲想を生み出している。

　上記のように，まずは教材曲について音楽の「かたち」と「なかみ」から分析することが指導内容を設定する第一歩となる。

② 指導内容の焦点化

　教材曲がいくつかの「かたち」から成り立っていることはわかった。つぎはいくつかの「かたち」の中から，この教材を通して特に子どもたちに学ばせたい事項を一つ選ぶという段階になる。それが指導内容の焦点化である。

　ここで「なぜ指導内容を一つに絞らなければならないのか」という疑問が出るかもしれない。「音楽は様々な要素から成り立っているのだから，一つに絞るとその音楽のよさが味わえなくなるのではないか」と疑問をもつ人もいるかもしれない。しかし，一つに絞るということは，一つしか教えないということではない。一つに絞ることでまずはすべての子どもたちに確実な学びを保証し，さらに，一つを学ぶことでそれに関係している様々な要素を学ぶことに広げることが可能になるということがある。

22　第2章　音楽科の指導内容と指導計画及び評価

逆に指導内容を一つに絞ることなく、《つばさをください》の歌唱の授業をするとどうなるか。「では前半と後半の感じの違いを意識して歌ってみましょう」、「次は後半からの二部の重なりをよく感じて歌ってみましょう」などと、子どもたちが意識しなければならない内容が多岐にわたることが予想される。その結果、子どもたちの中で「《つばさをください》を歌うことができた」という事実は残っても、「何を学習したのか」ということは曖昧なまま、単元を終えてしまうことになるだろう。

では《つばさをください》で指導内容を焦点化するとはどういうことか。「形式」「強弱」「音の重なり」などの音楽の「かたち」の中から、どの子にも確実に学ばせたい事項を一つ選ぶ。特に前半から後半にかけてのクレッシェンドがこの曲を特徴づけるものとなっており、それがこの曲の盛り上がりを決定づけている。このことから指導内容を「強弱」に絞ることもできる。「強弱」を指導内容とした《つばさをください》の学習では、子どもたちは前半と後半の曲想の違いをより意識し、意図的に強弱をつけて歌う姿が期待できるだろう。指導内容を焦点化すれば、歌唱の活動を通して何について学んだのかが明確になり、「○○について学んだ」という実感をもつことができる。そして、特定の指導内容に注意を向けることで、音楽科の学力が育つのである。

③ 〔共通事項〕との関連

指導内容が決定すれば、つぎに学習指導要領との関連を押さえる必要がある。学習指導要領のどこに位置づいているのかを明確にすることは、本単元が、国が定めた教育課程に準拠した学習になっていることを示すことにつながる。

まず〔共通事項〕との関連をみる。〔共通事項〕とは表現や鑑賞のすべての活動で共通に指導すべき内容のことである。音楽を形づくっている要素を知覚し、それらの働きが生み出す特質を感受することと、その働きを示す用語や記号を理解することである。学習指導要領では〔共通事項〕は「第3 指導計画の作成と内容の取扱い」の2の(8)に示されている。具体的な事項は以下に示す通りである。これらは音楽の「かたち」の用語といえる。

ア 音楽を特徴付けている要素	音色、リズム、速度、旋律、強弱、音の重なり、和音の響き、音階、調、拍、フレーズなど
イ 音楽の仕組み	反復、呼びかけとこたえ、変化、音楽の縦と横との関係など

本単元が学習指導要領のどこに位置づいているのかを明確にするために、上記の〔共通事項〕の中から②で選んだ指導内容と最も近い項目を選択する。例えば《つばさをください》の場合、「強弱」を指導内容にしたことから、〔共通事項〕では「ア 音楽を特徴付けている要素」の中の「強弱」をそのまま選択することができるだろう。もし「二部形式」を指導内容にした場合は、「前半と後半の旋律やリズム等が大きく変化すること」と捉えることができるため、〔共通事項〕では「イ 音楽の仕組み」の中から「変化」を選択することができる。

このように、まず指導内容を設定し、そしてその内容と最も近い項目を〔共通事項〕の中から選択することによって、表現や鑑賞の活動を通して学ぶべき内容が明確になる。

④ 「指導事項」との関連

〔共通事項〕が設定できれば、つぎは学習指導要領における「指導事項」との関連をみる。「指導事項」としては、歌唱・器楽・音楽づくり・鑑賞の活動分野ごとに、「ア 思考力・判断力・表現力等」「イ 知識」「ウ 技能」というように、資質・能力に対応して身に付けることが期待されている内容のことである。

歌唱の活動は、教師が「この曲はこう歌いましょう」と指示をしてそのとおりに子どもたちが歌っていくものではない。子ども自身が「こう歌いたい」というイメージをもち、そのために実際に声に出して「ここは希望につながっていくからだんだん強くしていこう」と考え、自らのイメージと照らし合わせながら声で表現していく活動になる。

「指導事項」のアイウは歌唱における、このような一連の活動で働く資質・能力を示したものである。これらアイウの「指導事項」は歌唱の

活動において別々に働くのではなく、一連の活動として一体となって働く。そのため、学習指導案作成における「指導事項」の設定では、アイウすべての項目を取り上げて表記する必要がある。ただし下位の項目(ア)(イ)(ウ)に関しては、その単元で必要とされる項目のみ選択する。

●低学年における歌唱の「指導事項」
ア　歌唱表現についての知識や技能を得たり生かしたりしながら、曲想を感じ取って表現を工夫し、どのように歌うかについて思いをもつこと。【思考】
イ　曲想と音楽の構造との関わり、曲想と歌詞の表す情景や気持ちとの関わりについて気付くこと。
　　　　　　　　　　　　　　　　　　　　　　　【知識】
ウ　思いに合った表現をするために必要な次の(ア)から(ウ)までの技能を身に付けること。【技能】
　(ア)　範唱を聴いて歌ったり、階名で模唱したり暗唱したりする技能
　(イ)　自分の歌声及び発音に気を付けて歌う技能
　(ウ)　互いの歌声や伴奏を聴いて、声を合わせて歌う技能

●中学年における歌唱の「指導事項」
ア　歌唱表現についての知識や技能を得たり生かしたりしながら、曲の特徴を捉えた表現を工夫し、どのように歌うかについて思いや意図をもつこと。
　　　　　　　　　　　　　　　　　　　　　　　【思考】
イ　曲想と音楽の構造や歌詞の内容との関わりについて気付くこと。【知識】
ウ　思いや意図に合った表現をするために必要な次の(ア)から(ウ)までの技能を身に付けること。【技能】
　(ア)　範唱を聴いたり、ハ長調の楽譜を見たりして歌う技能
　(イ)　呼吸及び発音の仕方に気を付けて、自然で無理のない歌い方で歌う技能
　(ウ)　互いの歌声や副次的な旋律、伴奏を聴いて、声を合わせて歌う技能

●高学年における歌唱の「指導事項」
ア　歌唱表現についての知識や技能を得たり生かしたりしながら、曲の特徴にふさわしい表現を工夫し、どのように歌うかについて思いや意図をもつこと。
　　　　　　　　　　　　　　　　　　　　　　　【思考】
イ　曲想と音楽の構造や歌詞の内容との関わりについて理解すること。【知識】
ウ　思いや意図に合った表現をするために必要な次の(ア)から(ウ)までの技能を身に付けること。【技能】
　(ア)　範唱を聴いたり、ハ長調やイ短調の楽譜を見たりして歌う技能
　(イ)　呼吸及び発音の仕方に気を付けて、自然で無理のない、響きのある歌い方で歌う技能
　(ウ)　各声部の歌声や全体の響き、伴奏を聴いて、声を合わせて歌う技能

※【思考】：思考力・判断力・表現力等

では《つばさをください》を例に「指導事項」を設定してみよう。まず〔共通事項〕の「強弱」を選択した。「指導事項」については第5学年の歌唱の授業であることから、学習指導要領の第5・6学年の「2内容」の「A表現(1)歌唱の活動」の欄をみる。

《つばさをください》の場合、「ア　曲の特徴にふさわしい表現を工夫し、思いや意図をもつこと」、「イ　曲想と音楽の構造や歌詞の内容との関わりについて理解すること」、「ウ　思いや意図を表現するために必要な技能」の3つを「指導事項」として設定する。さらに「ウ　技能」には(ア)聴唱・視唱の技能、(イ)歌声や発音についての技能、(ウ)声を合わせて歌う技能、の3つの技能があるが、今回はとりわけイメージを手がかりにして「強弱」を意識して歌うことが求められることから、「(イ)歌声や発音についての技能」を選択するとよいだろう。

2）器楽の活動

器楽の活動とは、教科書教材や様々な楽曲を教材として、子どもたちが楽器を演奏するという活動である。では器楽の授業において、指導内容はどう設定すればよいのか。

① 音楽の「かたち」と「なかみ」を探る

まずその器楽教材を特徴付けているものは何か、音楽の「かたち」および「なかみ」の観点より探る。実際に自分でその教材曲を楽器を使って演奏してみたり、聴いてみたり、あるいは楽譜で確認したり、文献で教材曲の背景について調べたりするなどして、音楽の「かたち」「なかみ」の観点から教材曲について知る。そして音楽の「かたち」の中でも、その教材を最も特徴付けているものは何かを見つける。加えて器楽の場合、教材曲の分析だけでなく、子どもたちが使用する楽器を想定して教材研究をする必要がある。

例えば《たこたこあがれ》というわらべうたがあり、これを3年生のリコーダー導入期の教材として活用するという授業がある。《たこたこあがれ》をリコーダーで演奏するときに、まず意識することは「リコーダーの音色」ではな

いだろうか。特にタンギングというリコーダーの奏法を意識するかしないかで，音色は変わってくる。タンギングを意識して《たこたこあがれ》を吹くと，ピンと糸を張って凧が青空に上がっているようにイメージできるが，タンギングが意識されない演奏だとひょろひょろ今にも落ちそうな凧をイメージするかもしれない。また，わらべうたのため，ソラシという3音で構成されていることも特徴として挙げられる。

このように《たこたこあがれ》をリコーダーで演奏するという器楽の授業を想定した場合，《たこたこあがれ》という教材曲についての分析だけでなく，リコーダーで演奏することも想定して，音楽の「かたち」と「なかみ」を探る必要がある。

② 指導内容の焦点化

つぎは教材曲を特徴付けている要素や仕組みの中から，子どもたちに学ばせたい事項を一つ選択する段階である。

《たこたこあがれ》の場合，3年生のリコーダー導入期の教材であることから，楽器をどう演奏するかで，音色がどう変わってくるのか，という音色と奏法の関係に気づかせることが最も適切ではないかと考える。このことから，《たこたこあがれ》をリコーダーで演奏するという器楽の授業では「リコーダーの音色と奏法」という指導内容が最もふさわしいといえる。

③ 〔共通事項〕との関連

つぎに指導内容から〔共通事項〕との関連をみる。《たこたこあがれ》の場合，「リコーダーの音色と奏法」が指導内容であることから，〔共通事項〕の用語の中からは「ア　音楽を特徴付けている要素」の中の「音色」を選択することができる。

④ 「指導事項」との関連

器楽の活動は教師が「この曲はこう演奏しましょう」と指示をしてそのとおりに子どもたちがリコーダーや鍵盤ハーモニカを演奏するものではない。子ども自身が「こう演奏したい」というイメージをもち，そのために実際に楽器を奏でて「ここはウキウキしてはずむ感じにした

いから，スタッカートにしよう」と考え，自らのイメージと照らし合わせながら楽器を演奏していく活動になる。

「指導事項」のアイウは器楽における，その一連の活動で働く資質・能力を示したものである。これらアイウは器楽の活動において別々に働いているのではなく，一連の活動として一体となって働いている。そのため，アイウすべての項目を取り上げて表記する必要がある。器楽の場合，「イ」と「ウ」に関しては下位項目(ア)(イ)が設定されているため，単元ごとに必要な項目を選択する必要がある。《たこたこあがれ》の場合，タンギングというリコーダーの奏法と音色の関係を意識することが学習の中心になるため，イでは「(イ) 楽器の音色や響きと演奏の仕方との関わり」，ウでは「(イ) 音色や響きに気を付けて，旋律楽器及び打楽器を演奏する技能」が適切だと判断できる。

このように器楽の場合，「指導事項」を選択するときは，その単元の中で，子どもたちが器楽表現をする際に，特に意識すべき項目あるいは必要となる技能を選択するとよい。

●低学年における器楽の「指導事項」

ア　器楽表現についての知識や技能を得たり生かしたりしながら，曲想を感じ取って表現を工夫し，どのように演奏するかについて思いをもつこと。

【思考】

イ　次の(ア)及び(イ)について気付くこと。【知識】
　(ア)　曲想と音楽の構造との関わり
　(イ)　楽器の音色と演奏の仕方との関わり
ウ　思いに合った表現をするために必要な次の(ア)から(ウ)までの技能を身に付けること。【技能】
　(ア)　範奏を聴いたり，リズム譜などを見たりして演奏する技能
　(イ)　音色に気を付けて，旋律楽器及び打楽器を演奏する技能
　(ウ)　互いの楽器の音や伴奏を聴いて，音を合わせて演奏する技能

(→中学年と高学年は p.26)

●中学年における器楽の「指導事項」
ア　器楽表現についての知識や技能を得たり生かしたりしながら，曲の特徴を捉えた表現を工夫し，どのように演奏するかについて思いや意図をもつこと。
　　　　　　　　　　　　　　　　　　　　　【思考】
イ　次の(ア)及び(イ)について気付くこと。【知識】
　　(ア)　曲想と音楽の構造との関わり
　　(イ)　楽器の音色や響きと演奏の仕方との関わり
ウ　思いや意図に合った表現をするために必要な次の(ア)から(ウ)までの技能を身に付けること。【技能】
　　(ア)　範奏を聴いたり，ハ長調の楽譜を見たりして演奏する技能
　　(イ)　音色や響きに気を付けて，旋律楽器及び打楽器を演奏する技能
　　(ウ)　互いの楽器の音や副次的な旋律，伴奏を聴いて，音を合わせて演奏する技能

●高学年における器楽の「指導事項」
ア　器楽表現についての知識や技能を得たり生かしたりしながら，曲の特徴にふさわしい表現を工夫し，どのように演奏するかについて思いや意図をもつこと。【思考】
イ　次の(ア)及び(イ)について理解すること。【知識】
　　(ア)　曲想と音楽の構造との関わり
　　(イ)　多様な楽器の音色や響きと演奏の仕方との関わり
ウ　思いや意図に合った表現をするために必要な次の(ア)から(ウ)までの技能を身に付けること。【技能】
　　(ア)　範奏を聴いたり，ハ長調及びイ短調の楽譜を見たりして演奏する技能
　　(イ)　音色や響きに気を付けて，旋律楽器及び打楽器を演奏する技能
　　(ウ)　各声部の楽器の音や全体の響き，伴奏を聴いて，音を合わせて演奏する技能

3）音楽づくりの活動

音楽づくりとは，声や楽器や身の回りの音を素材として音の響きや組み合わせを工夫し，イメージを伝えるために子ども自身が音楽をつくっていく活動のことである。では音楽づくりの授業において，指導内容はどう設定すればよいのか。

① 音楽をつくる手がかりとなる要素や仕組み

音楽づくりの場合は，歌唱や器楽と異なり，教材となる既成の曲はない。音色やリズムパターン，音階など，音楽を形づくっている要素を素材として，子どもたち自身が音楽をつくっていく活動になる。したがって，歌唱や器楽のように，教材曲の特徴を分析して指導内容を導くことはできない。

では音楽づくりの場合，何に注目して指導内容を設定すればよいのか。それは，子どもたちが「何を」手がかりとして音を音楽へと構成していくのか，そこにヒントがある。

例えば日本の音階（民謡音階，琉球音階など）を使った旋律づくりの授業がある。この場合，子どもたちが音楽をつくるときに手がかりとする要素は「音階」である。またお囃子づくりの授業では，「ドンドコ　ドンコン」といったリズムパターンを組み合わせてお囃子をつくっていく。この場合，子どもたちが音楽をつくるときに手がかりとする要素は「リズムパターン」になる。

このように音楽づくりの場合，必ず何かしら音楽を形づくっている要素もしくは音楽の仕組みを手がかりとして子どもたちは音楽をつくっていく。したがって音楽づくりの授業の場合，子どもたちが手がかりとする要素や仕組みそのものを指導内容として設定することができる。

② 〔共通事項〕との関連

指導内容が決定すれば，次に〔共通事項〕との関連をみる。日本の音階を使った旋律づくりの授業では，指導内容は「音階」であり，〔共通事項〕も「ア　音楽を特徴付けている要素」の中の「音階」が該当する。また「リズムパターン」を指導内容としたお囃子づくりの授業では「ア　音楽を特徴付けている要素」の中の「リズム」を〔共通事項〕として設定することができる。

③ 「指導事項」との関連

音楽づくりの活動は五線に音符を書いていくような作曲とは異なる。子ども自身が音を選び，その組み合わせ方を実際にいろいろ試しながら考え，イメージと照らし合わせながら作品にしていく活動になる。

「指導事項」のアイウには音楽づくりにおけるその一連の活動で働く資質・能力が示されている。音楽づくりの「指導事項」では，アイウすべてに(ア)(イ)が設定されている。学習指導要領では(ア)は即興的に表現する活動，(イ)は音を音楽へと構成する活動として区別されている。

例えばお囃子づくりの場合は，リズムパター

ンを組み合わせてお囃子をつくっていく活動であることから，即興的に表現するというよりむしろ，(イ)の仕組みを生かして構成していく活動といえる。逆に「いしや～きいも～」という売り声をつくろうという授業では，売り子とお客の即興的なやりとりになるため，(ア)の即興的に表現する活動を重視しているといえる。

このように音楽づくりの「指導事項」は音や声による即興的な表現なのか，もしくはある音楽の要素や仕組みを活用して音楽を構成していく活動なのかによって(ア)もしくは(イ)の「指導事項」を選択するとよい。

●低学年における音楽づくりの「指導事項」
ア　音楽づくりについての知識や技能を得たり生かしたりしながら，次の(ア)及び(イ)をできるようにすること。【思考】
　　(ア)　音遊びを通して，音楽づくりの発想を得ること。
　　(イ)　どのように音を音楽にしていくかについて思いをもつこと。
イ　次の(ア)及び(イ)について，それらが生み出す面白さなどと関わらせて気付くこと。【知識】
　　(ア)　声や身の回りの様々な音の特徴
　　(イ)　音やフレーズのつなげ方の特徴
ウ　発想を生かした表現や，思いに合った表現をするために必要な次の(ア)及び(イ)の技能を身に付けること。【技能】
　　(ア)　設定した条件に基づいて，即興的に音を選んだりつなげたりして表現する技能
　　(イ)　音楽の仕組みを用いて，簡単な音楽をつくる技能

●中学年における音楽づくりの「指導事項」
ア　音楽づくりについての知識や技能を得たり生かしたりしながら，次の(ア)及び(イ)をできるようにすること。【思考】
　　(ア)　即興的に表現することを通して，音楽づくりの発想を得ること。
　　(イ)　音を音楽へと構成することを通して，どのようにまとまりを意識した音楽をつくるかについて思いや意図をもつこと。
イ　次の(ア)及び(イ)について，それらが生み出すよさや面白さなどと関わらせて気付くこと。【知識】
　　(ア)　いろいろな音の響きやそれらの組合せの特徴
　　(イ)　音やフレーズのつなげ方や重ね方の特徴
ウ　発想を生かした表現や，思いや意図に合った表現をするために必要な次の(ア)及び(イ)の技能を身に付けること。【技能】
　　(ア)　設定した条件に基づいて，即興的に音を選択したり組み合わせたりして表現する技能
　　(イ)　音楽の仕組みを用いて，音楽をつくる技能

●高学年における音楽づくりの「指導事項」
ア　音楽づくりについての知識や技能を得たり生かしたりしながら，次の(ア)及び(イ)をできるようにすること。【思考】
　　(ア)　即興的に表現することを通して，音楽づくりの様々な発想を得ること。
　　(イ)　音を音楽へと構成することを通して，どのように全体のまとまりを意識した音楽をつくるかについて思いや意図をもつこと。
イ　次の(ア)及び(イ)について，それらが生み出すよさや面白さなどと関わらせて気付くこと。【知識】
　　(ア)　いろいろな音の響きやそれらの組合せの特徴
　　(イ)　音やフレーズのつなげ方や重ね方の特徴
ウ　発想を生かした表現や，思いや意図に合った表現をするために必要な次の(ア)及び(イ)の技能を身に付けること。【技能】
　　(ア)　設定した条件に基づいて，即興的に音を選択したり組み合わせたりして表現する技能
　　(イ)　音楽の仕組みを用いて，音楽をつくる技能

（清村百合子）

3．鑑賞の指導内容
（1）鑑賞の活動

　鑑賞の活動とは，教科書教材や様々な楽曲を教材として子どもたちが音楽を聴くという活動である。これまでの鑑賞では，教師が「音楽を聴いて自由に感想を書きましょう」と指示を出し音楽を聴かせ，子どもの気の向くままに感想を書かせるというものが多かった。生成の原理を踏まえた鑑賞の授業では，子どもが音楽に対するイメージをもって，音楽を聴き深めていくような授業となる。

　例えば，《動物の謝肉祭》より〈象〉という曲を「象のどんな様子が思い浮かぶかな」という問いをもって聴くことで「象がワルツを踊っているみたい」等のようなイメージをもつことができる。そして，音楽に合わせて3拍子のステップを踏むことで「3拍子だから踊っているみたいだったんだ」と，イメージの根拠をクラスで話し合いながら見つけていく。さらに，音楽を聴きながら身体表現を工夫することで「後半はピアノが細かいリズムで流れるように聴こえるから，手を閉じたり開いたりしながらステップを踏んでキラキラした感じを出そう」というように，さらに音楽の詳細な部分に気付くように

なる。最後は楽曲全体について聴き深めたことを，批評文（紹介文）を書いて他者に伝えるようにする。

では，このような鑑賞の授業はどのように組み立てていけばよいか。まずは，指導内容を明確に設定することが必要である。

（2）指導内容を設定する手順

鑑賞の授業において指導内容はどう設定すればよいのか。

1）音楽の「かたち」と「なかみ」を探る

まずその鑑賞教材を特徴付けているものは何か，音楽の「かたち」と「なかみ」の観点から探る。実際に自分でその教材曲を何度も聴いてみたり，あるいは楽譜で確認したり，文献で教材曲の背景について調べたりするなどして，音楽の「かたち」と「なかみ」の観点から教材曲について知る。そして音楽の「かたち」の中でも，その教材を最も特徴付けているものは何かを見つける。加えて鑑賞の場合，教材曲を「楽曲名」としてとらえるのではなく，「実際に音楽室に鳴り響く音響そのもの」ととらえることが重要である。例えば，ムソルグスキー作曲《展覧会の絵》より〈卵のからをつけたひなの踊り〉という音楽がある。これは，もともとピアノ曲であるが，その後オーケストラに編曲されて著名になったこともあり，ピアノとオーケストラ両方の音源がある。そのため，どちらの音源を教材として使用するかによって「かたち」と「なかみ」が大きく異なってくる。

そこで，ここでは低学年でオーケストラによる演奏で〈卵のからをつけたひなの踊り〉という教材を扱うと想定する。では，この曲を特徴づけている音楽の「かたち」と「なかみ」は何か。

オーケストラでの演奏は，フルートやクラリネット等の木管楽器の音色が中心となっており（「かたち」），それによって全体的にひよこがピヨピヨと鳴いているような，軽やかで可愛らしい雰囲気（「なかみ」）が生み出されている。さらにこの曲の場合，最初の構成部分の音楽が次に対照的に変化し，また最初の構成部分が反復さ

れる〈はじめ〉〈なか〉〈おわり〉という「かたち」（ＡＢＡ形式）をもつ点も特徴として挙げられる。つまり，ＡからＢへと変化し，またＡが反復されることから，ＡＢＡ形式に基づくＡとＢの「反復と変化」という「かたち」も見出せる。これによって，「ひよこがお母さんを探して羽をパタパタして，途中からひよこの友達が来て遊んでしまうが，またお母さんを探していることを思い出して羽をパタパタする」のような「なかみ」が生み出される。

つまり，〈卵のからをつけたひなの踊り〉では「木管楽器の音色」「反復と変化」という，音楽の「かたち」である音楽を形づくっている要素や仕組みを抽出することができ，それらが「なかみ」となるこの音楽独自の雰囲気やイメージを生み出している。このように，鑑賞においても，まずは教材曲について音楽の「かたち」と「なかみ」から分析することが指導内容の設定の第一歩となる。

2）指導内容の焦点化

つぎに，歌唱や器楽と同様に，抽出した音楽の「かたち」の中から子どもたちに学ばせたい事項を一つだけ選ぶ段階になる。ここでもポイントは，歌唱や器楽と同様に「どの子にも確実に学ばせたい内容は何か」ということである。

〈卵のからをつけたひなの踊り〉の場合，子どもがどのような活動をすることで音楽を形づくっている要素である「かたち」を知覚できるか，そこでの具体的な子どもの活動を想定しながら考えるとよい。低学年では，子どもが楽しく音楽を聴くことができるように，音楽に合わせて身体を動かす，旋律を口ずさむ等の活動を取り入れていく。例えばこの曲の場合，音楽に合うように腕をパタパタと上下に動かしながら聴くという活動を，実際に教師が子どもの立場になってやってみるとよい。初めは腕を小刻みに上下にパタパタ動かしていたのに，音楽の途中で無意識のうちに動きを変えたくなり，また最初の構成部分が繰り返されると，思わず上下に小刻みに動かしてしまうということが体験できる。このような体験から，「反復と変化」が

指導内容として適切であると判断できる。

3）〔共通事項〕との関連

指導内容決定後は，〔共通事項〕との関連をみる。〔共通事項〕の具体的な事項は以下となる。

ア 音楽を特徴付けている要素	音色，リズム，速度，旋律，強弱，音の重なり，和音の響き，音階，調，拍，フレーズなど
イ 音楽の仕組み	反復，呼びかけとこたえ，変化，音楽の縦と横との関係など

これらの事項の中から2）で焦点化した指導内容と最も近い項目を選択する。〈卵のからをつけたひなの踊り〉の場合，「反復と変化」を指導内容にしたことから，〔共通事項〕では「イ 音楽の仕組み」の中の「反復と変化」を選択する。

4）「指導事項」との関連

〔共通事項〕が設定できれば，つぎは学習指導要領における「指導事項」との関連をみる。鑑賞の活動はどのような学習過程になるのだろうか。〈卵のからをつけたひなの踊り〉を事例として述べる。

① 子ども自身が指導内容を知覚・感受して音楽に対して「○○みたい」というイメージをもち，それをクラスで伝え合うことで他者の感じ方にも触れることができるようにする。

例：「〈はじめ〉はひよこがピヨピヨ鳴いていて，〈なか〉では森で迷子になって遊んで，また〈はじめ〉の音楽に戻ってピヨピヨ鳴きだす」のようなイメージをもち，それをクラスで伝え合う。

② イメージを基に，音楽にもっと合うように身体表現を工夫することで音楽を聴き深める。

例：「〈なか〉の，腕をゆらゆらするところの後半に，ちょっと低い音でズンズンっていう部分があるから，腕をゆらゆらしながらズンズンに合わせて足踏みもしよう」のように身体表現を工夫することで音楽の詳細まで聴き深めていく。

③ 音楽を聴き深めたことを基に，「自分は音楽のこんなところが好きだ」と自分なりに音楽に対しての価値判断をし，自分の価値判断を紹介文にして他者に伝える。

例：「この曲の好きなところは，変化している〈なか〉の部分です。なぜなら，ひよこが迷子になっていることを忘れて遊んでいるみたいで，それが面白

いからです」のように，この曲を聴いたことのない友だちや家族に紹介する文を書く。

鑑賞の「指導事項」はこのような一連の活動で働く資質・能力を示したものである。以下のように，アとイの事項として示されている。

```
●低学年における鑑賞の「指導事項」
ア 鑑賞についての知識を得たり生かしたりしながら，曲や演奏の楽しさを見いだし，曲全体を味わって聴くこと。【思考】
イ 曲想と音楽の構造との関わりについて気付くこと。【知識】
```

```
●中学年における鑑賞の「指導事項」
ア 鑑賞についての知識を得たり生かしたりしながら，曲や演奏のよさなどを見いだし，曲全体を味わって聴くこと。【思考】
イ 曲想及びその変化と，音楽の構造との関わりについて気付くこと。【知識】
```

```
●高学年における鑑賞の「指導事項」
ア 鑑賞についての知識を得たり生かしたりしながら，曲や演奏のよさなどを見いだし，曲全体を味わって聴くこと。【思考】
イ 曲想及びその変化と，音楽の構造との関わりについて理解すること。【知識】
```

これらア，イは，別々ではなく一体となって働いている。そのため，指導案にはどの学年においても，ア，イ両方の項目を取り上げて表記する必要がある。

（3）鑑賞教材について

学習指導要領では，鑑賞教材として特定の楽曲は示されていない。教師が選択することになるのだが，自分の好きな曲を選んでよいということではない。「3内容の取扱い」の「（3）鑑賞教材」の欄に，以下のア，イ，ウとして教材選択の観点が示されている。教材選択に当たっては，指導内容と直結するイを中心に，子どもが様々な種類の音楽に親しむことができるようにするためのアと，楽器や声による様々な演奏形態の音楽の特徴を味わうことができるようにするためのウの観点を相互にかかわらせることが重要である。

●**低学年における教材選択の観点**
ア 我が国及び諸外国のわらべうたや遊びうた，行進
曲や踊りの音楽など体を動かすことの快さを感じ取
りやすい音楽，日常の生活に関連して情景を思い浮
かべやすい音楽など，いろいろな種類の曲
イ 音楽を形づくっている要素の働きを感じ取りやす
く，親しみやすい曲
ウ 楽器の音色や人の声の特徴を捉えやすく親しみや
すい，いろいろな演奏形態による曲

●**中学年における教材選択の観点**
ア 和楽器の音楽を含めた我が国の音楽，郷土の音楽，
諸外国に伝わる民謡など生活との関わりを捉えやす
い音楽，劇の音楽，人々に長く親しまれている音楽
など，いろいろな種類の曲
イ 音楽を形づくっている要素の働きを感じ取りやす
く，聴く楽しさを得やすい曲
ウ 楽器や人の声による演奏表現の違いを聴き取りや
すい，独奏，重奏，独唱，重唱を含めたいろいろな
演奏形態による曲

●**高学年における教材選択の観点**
ア 和楽器の音楽を含めた我が国の音楽や諸外国の音
楽など文化との関わりを捉えやすい音楽，人々に長
く親しまれている音楽など，いろいろな種類の曲
イ 音楽を形づくっている要素の働きを感じ取りやす
く，聴く喜びを深めやすい曲
ウ 楽器の音や人の声が重なり合う響きを味わうこと
ができる，合奏，合唱を含めたいろいろな演奏形態
による曲

先に例に挙げた低学年の〈卵のからをつけた
ひなの踊り〉は，この教材選択の観点を満たし
ているだろうか。これまで述べてきたような活
動を想定するならば，この曲はア，イ，ウにつ
ぎのように対応している。

> ア：生活経験を基にひよこを思い浮かべ，パタパタと
> 　楽しく腕を上下に動かす活動が可能な曲である
> イ：指導内容は「反復と変化」
> ウ：細かな装飾音のある高音の木管楽器を中心とした
> 　演奏から，ひよこが動き回るような様子やそこでの
> 　鳴き声をイメージしやすい曲である

中学年では，《青森ねぶた囃子》を選択した
とする。8月初旬に青森で毎年開催されるねぶ
た祭は，秋の大事な収穫の時期に睡魔によって
働きを邪魔されないよう，眠気を払う暑気払い

に由来するといわれている。祭りの様子は，適
宜視聴覚教材を使って見せるとよい。映像から
は，多くの群衆の中，巨大で勇壮なねぶたを取
り囲みながら「ラッセーラー　ラッセーラー」
と囃したてて熱狂的に跳人が跳ね踊り，祭りを
盛り上げている姿が見てとれる。その際，太鼓，
笛，鉦で演奏されるのが《青森ねぶた囃子》で
ある。この曲はア，イ，ウにつぎのように対応
している。

> ア：青森の音楽(郷土の音楽)である
> イ：指導内容は「跳ねるリズム」
> ウ：太鼓，笛，鉦によるお囃子に掛け声が重なるとい
> 　う演奏形態をもつ曲である

高学年は，事例にある《くるみ割り人形》よ
り〈行進曲〉の場合で考える。この曲は，そも
そもバレエ音楽として作曲されていることか
ら，オーケストラで演奏されることが多い。一
方，作曲者であるチャイコフスキー自身によっ
てピアノ曲にも編曲され，ピアノで演奏される
こともある。この曲はア，イ，ウにつぎのよう
に対応している。

> ア：バレエ音楽としてストーリーをもつ曲である
> イ：指導内容は「オーケストラの音色」
> ウ：弦楽器，管楽器，打楽器の様々な楽器の重なりに
> 　よって豊かな響きを味わえる曲である

これら以外でも，教材選択の観点ア，イ，ウ
を満たす曲があれば，それを教材化し適切に
扱っていくとよい。　　　　　　　（兼平佳枝）

Ⅱ．音楽科の学力と評価

　学習評価とは児童の学びを評価することであり，「教育目標に照らして教育の効果を調べ，価値判断をすること」[1]という「教育評価」の定義と同義である。教師は児童の学力育成のために授業を計画・実践し，児童の学びの姿を丁寧に観察し価値づけながら児童に働きかける。同時に，児童の学びの姿から実践を省察し授業改善への手がかりを得る。つまり，学習評価は，より良い授業実践の創造のために不可欠な教師の計画的行為と言っても良い。したがって，価値判断による省察の営みである「評価」は必ずしも学力を数値化・明示化する「評定」を目的としたものではない点に留意する必要がある。

1．音楽科で育成する学力と評価の観点

　文部科学省は学校教育法第30条の第2項目での学力に関する規定を基に，学力の要素として以下の3点を示している[2]。

> 1) 基礎的・基本的な知識・技能
> 2) 知識・技能を活用して課題を解決するために必要な思考力・判断力・表現力等
> 3) 主体的に学習に取り組む態度

　以上に示された学力の3要素に対応して，平成29年改訂学習指導要領では小学校音楽科の目標について次の3点が示されている。

> 1) 曲想と音楽の構造などとの関わりについて理解するとともに，表したい音楽表現をするために必要な技能を身に付けるようにする。
> 2) 音楽表現を工夫することや，音楽を味わって聴くことができるようにする。
> 3) 音楽の活動の楽しさを体験することを通して，音楽を愛好する心情と音楽に対する感性を育むとともに，音楽に親しむ態度を養い，豊かな情操を培う。

　以上のような小学校音楽科における3つの学力の育成という目標をふまえて，次に述べるように評価の観点が設定される。

2．評価の観点の趣旨
（1）「指導と評価の一体化」の重要性

　3つの学力を育成するために，教師はどのように学習指導を展開させるかということに苦心すると同時に，児童が身につけようとしている（身につけた）学力をどの場面でどのように評価するのかということもあらかじめ考えておく必要がある。これが「指導と評価の一体化」と言われる観点である。「指導と評価の一体化」を常に考えながら授業を計画・実践することにより，教師は学びの主体である児童の内面の育ちに視点をおいて自らの授業を省察し改善につなげることができるようになる。

（2）目標と評価の観点及びその趣旨

　平成29年改訂学習指導要領における学力育成の目標をふまえて，『「指導と評価の一体化」のための学習評価に関する参考資料（国立教育政策研究所教育課程研究センター 2020）が作成されている。この資料では，小学校各教科等における学習評価の基本的な考え方や各領域分野及び各学年における「内容のまとまりごとの評価規準」を作成する際の具体的な手続きや事例等が掲載されている。ここでは，表現領域歌唱分野（第1学年及び第2学年）について，育成する資質・能力に対する目標と評価の観点及びその趣旨との対応関係を示す[3]。

育成する資質・能力（評価の観点）「知識及び技能」	
目標	曲想と音楽の構造などとの関わりについて理解するとともに，表したい音楽表現をするために必要な技能を身に付けるようにする。
評価の観点の趣旨[4]	曲想と音楽の構造などとの関わりについて理解している。（※1）表したい音楽表現をするために必要な技能を身に付け，歌ったり，演奏したり，音楽をつくったりしている。（※2）
育成する資質・能力（評価の観点）「思考力，判断力，表現力等」	
目標	音楽表現を工夫することや，音楽を味わって聴くことができるようにする。
評価の観点の趣旨	音楽表現を工夫することや，音楽を味わって聴くことができている。
育成する資質・能力（評価の観点）「学びに向かう力，人間性等」	
目標	音楽活動の楽しさを体験することを通して，音楽を愛好する心情と音楽に対する感性を育むとともに，音楽に親しむ態度を養い，豊かな情操を培う。
評価の観点の趣旨	音や音楽に親しむことができるよう，音楽活動を楽しみながら主体的・協働的に表現及び鑑賞の学習活動に取り組もうとしている。

３．評価の手順と方法
（１）評価計画の重要性と要点
　学習指導案を作成する際には，分野領域における指導内容－単元目標－教材－学習環境－教育方法－授業の展開－学習評価といった指導案を構成する項目について吟味し，具体的に描き出す必要がある。特に学習評価の計画においては，単に単元目標に対応した評価規準を題目のように並べるにとどまらず，１）学びの成果だけではなく学びの過程を価値づけることができるような評価方法の工夫，２）演奏や身体動作や言葉など客観的に観察できることを手がかりに見えない心の動き（興味，思考，感情など）を見取る洞察力，の２つの要点を大切にしたい。それにより，教師は実際の授業場面で児童の学びの広がりや深さを価値づけることができる評価の根拠資料が得られると同時に，児童も自身の学びの過程を節目節目で振り返ったり学びの成果を確認し次の学びに生かしたりすることができるようになるだろう。

（２）評価の計画と実行の手順
　ここでは，《かたつむり》（文部省唱歌）を教材とした表現領域歌唱分野第１学年の単元の学習指導案を念頭において，評価計画の手順について具体的に説明する。

①指導内容と単元目標の設定
　次に示すように，計画の段階で児童に音楽の何を意識して学ばせたいのか指導内容を明確にしておくと，実際の学習評価の場面で児童が何に興味をもって何を学ぼうとしているのか（学んだのか）明確に把握し価値づけることができる。

②評価規準の設定
　上記の単元目標の語尾を「する」→「している」，「できる」→「できている」等と変換すれば，単元目標に沿った評価規準を設定することができる。

③具体の学習場面における評価規準の設定
　具体の学習場面を想定し，児童は指導内容をどのように学んでいるか（学んだか）という視点から，各評価規準をさらに具体性をもたせた内容に記述すると良い。以下，例示する。

> **■具体の学習場面における評価規準**
> 知識：「はねるリズム」「はねないリズム」という用語の意味について，旋律の動きや曲想と関わらせて知っている。
> 技能：どんなかたつむりの様子や歌の感じ・雰囲気を表したいか思いをもち，そのためにどのように歌い方を工夫すればよいか意図をもって，「はねるリズム」「はねないリズム」を区別して歌うことができる。
> 思考力・判断力・表現力等：「はねるリズム」と「はねないリズム」の違いを聞き取り，リズムの違いが生み出す曲想（音楽の感じ・雰囲気・様子）の違いを感じ取って，言葉や描画や身体動作で伝えている。「はねるリズム」「はねないリズム」と曲想との関わりについての知識を生かして，どんなかたつむりの様子や歌の感じ・雰囲気を表したいか思いをもち，そのためにどのように歌い方を工夫すればよいか意図をもっている。
> 主体的に学習に取り組む態度：「はねるリズム」と「はねないリズム」の違いを聞き取り，リズムの違いが生み出す曲想（音楽の感じ・雰囲気・様子）の違いを感じ取って，自発的に言葉や描画や身体動作で伝えようとしている。自発的にグループの友達と息や声を合わせて歌唱表現の工夫を楽しんだり，歌唱表現の工夫について話し合ったりしている。

④観点別ルーブリックの作成
　学力の３つの観点のうち，質的な学力（思考力・判断力・表現力や主体的に学習に取り組む態度）の評価については，教師の解釈に頼らざるを得ない。また，習得した知識や技能をいかに活用して課題解決に取り組むかという学びの質が重視されている。このように質的な学力育成のために学びの質を重視する単元設計において欠かせないのが，質的な学びの過程と成果を質的に評価するルーブリックの作成である。

> **■指導内容**
> 共通事項　リズム（「はねるリズム」「はねないリズム」）と曲想
> 指導事項　表現(1)歌唱ア，イ，ウ(ア)
> **■単元目標**
> 知識：「はねるリズム」「はねないリズム」と曲想との関わりについて理解する。
> 技能：表したい音楽表現をするために必要な技能として，「はねるリズム」「はねないリズム」を区別して歌うことができる。
> 思考力・判断力・表現力等：「はねるリズム」「はねないリズム」を知覚し，それが生み出す特質を感受する。「はねるリズム」「はねないリズム」と曲想の関わりについての知識を生かして歌唱表現を工夫する。
> 主体的に学習に取り組む態度：「はねるリズム」「はねないリズム」と曲想の関わりに関心をもち，友達と息や声を合わせて歌唱表現を楽しんだり歌唱表現の工夫について話し合ったりする。

「ルーブリック（rubric，評価指標）」とは，学習目標との関係において求められる達成事項の質的な内容を文章表現したもので，児童生徒の学習の達成状況を評価するときに使用される評価基準」[5]である。音楽科授業では，児童は言葉や身体動作や描画や演奏などを組み合わせて学びの過程と成果を表現する場合が多い。そのような多様な表現を数値に還元される量的基準によって評価することは困難であり，質的基準によって評価することが必要になる。ルーブリックは，どのようにどの程度記述したり演奏したりしていれば良いのか解釈する際の拠り所となる。最も重要な要点は，授業を通してどの児童にも最低限期待する学びの姿を，B基準として明示することである。ここでは，学力の3観点に基づく観点別ルーブリックから「思考力・判断力・表現力」の観点を抜粋して例示する。

「思考力，判断力，表現力等」
a.「はねるリズム」と「はねないリズム」の違いを聞き取っている（知覚）。
b.リズムの違いが生み出す曲想（音楽の感じ・雰囲気・様子）の違いを感じ取っている（感受）。
c.「はねるリズム」「はねないリズム」の言葉を使って，どんなかたつむりの様子や歌の感じ・雰囲気を表したいか，思いを言葉で伝えている。
d.どのように歌い方を工夫すればよいか，意図を言葉で伝えている。

到達レベル	ルーブリックの記述語
A	①aとbの内容について，具体性のある言葉で伝えている，または具体性のある言葉と描画や身体動作を組み合わせて伝えている。 ②cかつd
B	―どの児童にも到達させたい姿（B基準）― ①aとbの内容について，言葉で伝えている，または言葉と描画や身体動作を組み合わせて伝えている。 ②cまたはd
C	①aとbの内容について，言葉で伝えることが不十分だ，または言葉と描画や身体動作を組み合わせて伝えることが不十分だ。 ②cもdも不十分だ。

⑤評価の場面と根拠資料の収集

学びの成果と同等に学びの過程が重視されていることから，単元の最終場面で行う総括的評価だけではなく単元の途中で行う形成的評価にも留意し，評価の方法と根拠資料について計画する。形成的評価は主に児童の学びの姿から次なる展開や計画修正の手がかりを得るためのものとして，総括的評価は児童の学びの成果を総括的に解釈し，成果を児童と確かめ合うためのものとして位置づける。評価の根拠資料となる，演奏や行動や関わり合いの様子等の観察記録や記述物を収集する計画も立てておく。ただし，形成的評価と総括的評価を混同し常に資料を収集し評価し続けなければならない心理状態に陥らないようにしたい。ルーブリックや学びの成果物の児童との共有や評価に関するコミュニケーションの取りやすさは，デジタル環境の利点として学習評価に活かすことができる。

（横山真理）

【注】
1）　辰野千壽（2006）「教育評価の概念・意義【語義】」辰野千壽・石田恒好・北尾倫彦監修『教育評価事典』図書文化，p.14。

2）　文部科学省ホームページ「生きる力」
https://www.mext.go.jp/a_menu/shotou/new-cs/gengo/1300857.htm

3）　国立教育政策研究所教育課程研究センター『「指導と評価の一体化」のための学習評価に関する参考資料　小学校　音楽』［令和2年3月］を参考に筆者が作成した。各学年（または各分野）の具体は，以下を参照すると良い。
国立教育政策研究所ホームページ/教育課程研究センター/指導資料・事例集より『「指導と評価の一体化」のための学習評価に関する参考資料　小学校　音楽』
https://www.nier.go.jp/kaihatsu/shidousiryou.html

4）　『「指導と評価の一体化」のための学習評価に関する参考資料　小学校　音楽』では，「知識」と「技能」を区別していることについて以下のように説明されている。「※「知識・技能」の観点の趣旨は，知識の習得に関すること（※1）と技能の習得に関すること（※2）とに分けて示している。これは，学習指導要領の指導事項を，知識に関する資質・能力（事項イ）と技能に関する資質・能力（事項ウ）とに分けて示していること，技能に関する資質・能力を『A表現』のみに示していることなどを踏まえたものである。また，『A表現』の題材の指導に当たっては，『知識』と『技能』の評価場面や評価方法が異なることが考えられる。したがって，『A表現』の題材では，評価規準の作成においても『知識』と『技能』とに分けて設定することを原則とする。なお『B鑑賞』の題材では，※2の趣旨に対応する評価規準は設定しない。」（pp.28-29）。

5）　佐藤真（2006）「ルーブリック（評価指標）」辰野・石田・北尾監修，前掲書，p.174。

Ⅲ. 指導計画の作成と内容の取扱い

指導計画作成にあたり配慮すべき事項を，学習指導要領（以下，指導要領）の「第3　指導計画の作成と内容の取扱い」に沿って確認しておこう。

1. 指導計画作成上の配慮事項

（1）主体的・対話的で深い学びの実現

指導要領は「児童の主体的・対話的で深い学びの実現を図る」ことを求めている。1対1のペア学習やグループにおける話し合いの活動だけでなく，クラス全体で意見を共有したり，グループで工夫した音楽表現を発表したりするときにも，子どもたちの主体的・対話的な学びを実現したい。また指導要領では主体的・対話的な学習を通して，「音楽的な見方・考え方」を働かせながら音楽表現を生み出したり音楽のよさを見いだしたりするなど「思考，判断し，表現する一連の過程」を大切にするよう求めている。音楽科においてこのような学びを実現するためには，「自分たちが今何を学んでいるのか」を明確にし，授業全体を通してその学びに向き合う時間を保証することが大切である。

（2）〔共通事項〕を要とする指導計画の工夫

「自分たちが今何を学んでいるのか」を明確にするために必要なのが〔共通事項〕である。指導要領では，〔共通事項〕について，「表現及び鑑賞の学習指導と併せて，十分な指導が行われる」こと，また「〔共通事項〕を要として各領域や分野の関連を図る」ことを求めている。

例えば，歌唱教材《かくれんぼ》で〔共通事項〕に示された「呼びかけとこたえ」について学んだ子どもたちが，鑑賞教材《ほおずきばあさん》でも「呼びかけとこたえ」について学ぶ場面があるとする。このとき，「呼びかけとこたえ」について学んでいることがしっかりと共有されていれば，子どもたちは「呼びかけとこたえ」という学習内容に焦点化しつつ，「この曲は《かくれんぼ》で学習した『呼びかけとこ

たえ』になっているのではないか」，「どこがそのようになっているのだろう」と，主体的に話し合いを進めていくことができる。そして，単元全体を通して「呼びかけとこたえ」に焦点化した指導計画を立てることにより，この学習内容にじっくりと向き合う時間を保証できる。

このように，〔共通事項〕をまさに「要」として各領域・活動を関連づけ，各単元の学習内容を明確にすることで，音楽科における「児童の主体的・対話的で深い学び」と「思考・判断・表現の工夫」の一連の流れを大切にした授業が実現できるのである。

（3）各学年の「指導事項」の関連付け

各学年の内容に示された「指導事項」は適切に関連づけて指導することを指導要領は求めている。各学年の「A表現」の（1）を例にとると，歌唱の「指導事項」として「ア　表現の工夫の意図」，「イ　曲想と音楽構造および歌詞内容の関連についての理解」，「ウ　表現に必要な技能」の3項目がある。このア～ウを関連付けながら指導することが求められるのである。例えば発声練習のような技能的な練習ばかりさせたり，曲想と音楽構造の関わりに注目した分析的な聴取のみをさせたり，逆に発声などの技能面の指導をせず表現の工夫ばかりをさせたり，ということがないようにする。

例えば《もみじ》の二部合唱で「旋律の役割」について学ぶ授業において，2つの旋律が掛け合いになる場所をどのように表現したいのかを考える場面を想定しよう。子どもたちが，主旋律と副次的な旋律の掛け合いから「紅葉がハラハラと舞い落ちる感じ」をイメージし，そのイメージを音楽として表現しようとするとき，初めて自分たちがどんな声で歌いたいか，ということが問題になる。がなりたてる声ではなく優しく，美しい声で歌いたいという，子どもたちの表現への意欲と結びついて初めて発声の技能が意味をもつのである。このように，実際に歌うことを通して曲想と音楽構造の関わりに気付き，子どもから音楽表現への意欲を引き出しな

がら，そのために必要な技能を身に付けさせたい。

（4）いろいろな子どもへの配慮
1）低学年の子どもへの配慮

　指導要領は，低学年の指導と幼児教育との接続に配慮するよう求めている。例えば，小学校入学当初には，幼稚園や保育所で親しみ遊んだわらべうたや童謡を扱い，楽しみながら歌うなかで少しずつ音楽の基礎的な能力を身に付けられるように計画し，就学前の遊びや生活経験を音楽科の学びへと導くことが必要である。

　生活科を中心とする他教科との関連的な指導も大切である。地域学習との関連で地域のわらべうたを扱ったり，生活科教材としての季節の行事との関連で《たなばたさま》などの教材を取り上げたりできる。ただし，音楽科の指導計画に記載しているのに，行事で歌って終わる，ということがないように，音楽科として何を学ばせるのかということを明確にしたい。

2）障害のある子どもへの配慮

　障害のある子どもが音楽学習を行う場合にはどのような困難さが生じるだろうか。文字の読み書きが困難な子は読譜に困難さを感じ，手指のコントロールに難しさのある子はリコーダーの運指に苦労するかもしれない。また障害の種類によっては，大きな音が苦手で，教室内で他の子どもたちがそれぞれにリコーダーを練習しているときに，その音に耐えられない子もいる。

　音楽科は，言葉や数が苦手な子どもでも活躍できる可能性のある教科といえる。すべての子どもが参加可能な音楽科授業を構築したい。

（5）その他

　指導要領では「道徳科などとの関連」を考慮し「音楽科の特質」に応じた指導を求めている。例えば「道徳」では「よりよい学校生活，集団生活の充実」として協調性を養うことになっている。協調性を意識した指導ができる教材として，多くの人が思いつくのが合唱曲であろう。しかし合唱曲を教材とし，指導の目標に「協調

性を養うこと」を掲げるならば，それは音楽科の授業ではない。「道徳」との関連を意識するあまり，「音楽による道徳授業」や「道徳のための音楽授業」にならないよう注意したい。

　《君が代》は各学年で指導することが求められている。指導にあたっては，諸外国の国歌と比べて鑑賞し，《君が代》の旋律から日本らしい雰囲気を感じ取る学習などが考えられる。単に行事で歌うだけで終わらないようにしたい。

２．内容の取扱いと指導上の配慮事項
（1）音や音楽を通したコミュニケーション

　指導要領では，すべての活動領域で「音や音楽及び言葉によるコミュニケーションを図り」ながら「音楽科の特質に応じた言語活動を」適切に指導するよう求めている。例えば，《ゆかいに歩けば》で旋律の奏法について学習するとき，初めてこの曲を歌った感想を交流する場面があるとする。子どもから「前半の部分は弾むようで楽しそう，後半は伸びやかな感じ」という発言があったとき，それを教師が板書するだけでなく，実際にその部分をクラスみんなで歌い，その子が感じたことを，音や音楽を通して共有させる。このように，音楽科における言語活動の場面では，言葉によって発言された内容について実際に歌ったり演奏したりさせ，音によるコミュニケーションにつなげたい。

　また「音楽との一体感を味わい，想像力を働かせて音楽と関わる」ために，適宜「体を動かす活動」の導入が求められる。鑑賞の活動で音楽から感じ取ったことを身体表現すること，歌唱の活動で旋律の動きを手で表現することなどがこれに当たる。

（2）ICT 及び学校外施設の利用

　今後の音楽科の授業では，ICTの活用や，公共施設など学校外における音楽活動とのつながりが，より一層求められる。インターネットで世界中の音楽コンテンツを活用できる時代であるが，地域のコンサートホールの活用や，地域

の祭りのお囃子や伝統音楽の演奏者との連携を試みることも，さらに必要とされる。世界に広く目を向けつつ，身近な地域の音楽にも親しむことができるように指導計画を立てたい。

また，以上のような幅広い音楽学習の中で，子どもたちに「著作者の創造性を尊重する意識」を育成することが求められる。

（3）和音の指導について

指導要領は合唱や合奏の活動を通して「和音のもつ表情を感じ取ることができる」ことを求めている。器楽教材，合唱曲などで複数のパートの「音の重なり」を学習するときには，「重なっている」という音楽の構造や事実を学ぶだけでなく，その重なり方による色彩や明暗をどのように感じたのかを共有したい。そして，子ども自身の演奏や声でそれを確かめながら，体感的に「音の重なり」について学ぶようにしたい。

（4）我が国や郷土の音楽の指導について

指導要領では，我が国や郷土の音楽の指導にあたり，適切な工夫を求めている。日本と西洋の音楽には，それぞれの背景にある言語や文化の違いに由来する様式の差異があるからである。

例えば，五線譜は本来，西洋音楽を記譜するためのものであり，日本の伝統音楽は楽譜よりも口伝えによってその音楽を伝えてきた。したがって日本の各地に伝承されるわらべうたや民謡などは，本来は五線譜の記譜になじまない。日本を代表する伝統芸能である歌舞伎や能の音楽の場合も，記録のために用いられるのは縦書きの文字による楽譜であって五線譜ではない。指導要領が「楽譜等の示し方」を工夫するように求めるのは，この点への留意が必要だからである。

さらに，日本のわらべうたには本来伴奏はついておらず，西洋音楽の和音による伴奏はなじまない。歌い方も，裏声のような発声で得られる「美しい声」は，西洋音楽の様式における美しさであり，日本の音楽では話し言葉の延長にある地声によって歌われる場合がほとんどであ

る。したがって，わらべうたを扱うときには伴奏をどうするのか，歌い方をどうするのか，教師側がこの西洋と日本の音楽の様式の差異について理解しておくことが求められるのである。

（5）変声期の子どもへの配慮

高学年の歌唱指導では変声期の子どもへの配慮が大切である。変声期には男女を問わず，自分の出そうと思う音程が出せない状態になる場合がある。声帯を傷つけることがないよう，変声が落ち着くまでは無理のない範囲で歌唱させるなどの配慮が必要である。

（6）音楽づくりの指導について

音楽づくりの指導では，音遊びや即興的な表現を通して音楽をつくる楽しさを感じさせたい。こうした学習は，ただ音を鳴らしただけで何を学んだのかよくわからない，という結果に陥りやすいので注意が必要である。例えば，小さな楽器や玩具，身近なものを使って，様々な奏法（打つ，擦る，振る，吹く）を探らせたり，鳴らすものの素材（木製，金属製，プラスティック製）でグループ分けをさせたりすることで，それぞれの奏法や素材による音色の違いに気づく学習ができる。こうした学習は，楽器の音色を学ぶときの基礎的な経験となる。また即興的な表現では，音楽的なまとまりを感じられるよう，音の強弱や高低など，音楽の諸要素を意識させる。

様々な音階や声による音楽づくりにも挑戦させたい。民謡音階や沖縄音階を用いて旋律をつくる活動であれば，それぞれの音階がもつイメージを共有しながら音楽表現を工夫する学習ができる。売り声をつくる学習では，言葉の伸縮や間（ま）など，自分の声で表現を工夫しながら「拍のないリズム」を学ぶことができる。

（樫下達也）

Ⅳ. 音楽科の指導計画と学習評価

1. 年間指導計画

年間指導計画とは，1年を通した大まかな音楽科の指導計画である。年間指導計画は，単に活動や教材名だけを書き並べるのではなく，「指導内容」や「学習活動」「評価」などを考えて作成する必要がある。

まずは，1年を通してどのような「指導内容」を扱うのかを明確にし，系統や関連を考慮して並べる。そして，その「指導内容」を子どもに獲得させるためには，どのような学習活動が必要か考え，学習活動と共に評価も設定する。

以下が，年間指導計画案の例である。年間指導計画の表（→p.50 **資料1**）[1]は，縦軸に月の流れを，横軸に「指導内容」，「単元名」，「時数」，「学習活動」，「評価観点」，「評価規準」の6項目を設定する。

では，具体的に年間指導計画をどのように作成したらよいのだろうか。**資料1**をもとに説明する。

（1）指導内容

年間指導計画を立てる際に重要なのは，指導内容の決定である。指導内容とは，教える内容のことである。学習指導要領では，〔共通事項〕と「指導事項」として示されているものである。

例えば，**資料1**の4月の指導内容は，〔共通事項〕から「拍」，「指導事項」から「歌唱」分野の「指導事項」を選択している。5月は〔共通事項〕の「音の重なり」からさらに絞って「旋律の重なり」とし，「指導事項」から「器楽」分野の「指導事項」を選択している。これらが，教える内容＝「指導内容」である。いいかえると，どの子どもも最低限これだけは学習してほしいと期待する内容である。

指導内容については，順序やバランスを考えて配列する必要がある。例えば，〔共通事項〕については，4月の「拍」の学習をふまえて，6月に「拍子」の学習を設定する，というように内容の系統性に配慮する。「指導事項」について

は，歌唱ばかりに偏るというようなことがないよう，1年を通して歌唱・器楽・音楽づくり・鑑賞をバランスよく取り入れる。

年間指導計画によって，学習指導要領に示された指導内容，すなわち〔共通事項〕および「指導事項」が年間を通してすべて入っているかを確認しておくことが重要となる。

このように，まずは，1年間でどのような指導内容を扱うのかを考えた上で，細かな学習活動を計画していく，という手順となる。その際に，入学式や卒業式，運動会といった学校行事や「総合的な学習の時間」や生活科などの他教科との関連も考えて計画する。とくに，カリキュラム・マネジメントの点から，他教科との関連を考慮することが求められている。

（2）単元名

単元名は「何を学習するのか」「どんな学習活動なのか」が明確に見えるように記述する。例えば，**資料1**の4月の単元名「拍の流れを意識して，遊び歌を歌おう」は，指導内容は「拍」，学習活動は「歌唱」であることがひと目でわかる。

そして，単元名の下に《　》で示しているのは，その単元で扱う教材曲である。設定した指導内容を教えるのに適した教材を選択する。4月であれば，《お寺のおしょうさん》《ロンドン橋》《ビンゴ》がその単元で扱う教材曲となる。教材曲は1曲のこともあれば複数の場合もある。

（3）時数

時数は，その単元に必要な時間数である。音楽科の年間総時数は，学年ごとに決められている。1つの単元に多くの時間を取りすぎることのないよう，バランスよく計画する。

（4）学習活動

学習活動は，その単元で行う活動の大筋を書いたものである。例えば，**資料1**の5月は，「1. 教材を階名唱して，旋律を覚える。2. 鍵盤ハーモニカで音と鍵盤の位置を確認し演奏する。3. 旋律を重ねた時と重ねていない時の違いを交流

する。(4，5省略)」としている。このように，「旋律の重なり」を教えるための学習活動について，大きな流れがわかるように示す。

（5）評価観点

評価観点は指導要録の観点を用いる。ただし指導要録の改訂ごとに観点の名称は変更されてきている。そこで，ここでは評価観点の大本とされる「学力の三要素」から導かれた「育成すべき資質・能力」を観点としている。それは「知識・技能」「思考・判断・表現」「主体的に学習に取り組む態度」である。

（6）評価規準

評価規準は，(5)で示した評価観点について，具体的な子どもの様子を示したものである。**資料１**の５月であれば，「①知識・技能」は，「旋律の重なりを意識して，イメージが伝わるように鍵盤ハーモニカを演奏している。」という子どもの姿から評価することができる，ということである。　　　　　　　　　　　（廣津友香）

２．単元構成の枠組み
（1）「経験−分析−再経験−評価」という単元構成の枠組み

まず，単元とは「学習経験のひとまとまり」をいい，カリキュラムを日々の授業に現実化するための単位になる。年間指導計画を立てるときも単元を単位として考える。音楽科では「単元」のかわりに「題材」という呼び名が慣例的に使われてきたが，教育学上の用語は「単元」になる。

単元を構成する際に「経験−分析−再経験−評価」という枠組みを使うと，経験の再構成である「生成の原理」にのっとった授業が考えやすい。

では「経験−分析−再経験−評価」とは何か。「経験−分析−再経験−評価」の基本は＜経験−経験の反省＞のサイクルである。それは，まずは音楽活動(経験)をやってみる，そしてその活動にどういう意味があったのかを振り返る(反省)と

いうセットである。この＜経験−経験の反省＞の連続によって，自分の経験を再構成していくという考え方に立つ。

このような＜経験−経験の反省＞の連続に「学習経験のひとまとまり」としての区切りをつけたのが，「経験−分析−再経験−評価」の枠組みなのである。「経験−分析」で＜経験−経験の反省＞を行い，「再経験−評価」でより深まりのある＜経験−経験の反省＞を行う。

（2）「経験−分析−再経験−評価」の各段階
1）「経験」

「経験」とは子どもが自分の手足や身体を使って「環境」に働きかけ働き返される相互作用をいう。音楽の授業では「環境」は音楽の世界であり，相互作用は音楽活動になる。すなわち，歌を歌ったり，楽器を奏したり，おもしろい音を見つけ構成してみたり，音楽を聴きながらステップを踏んだりということである。

「経験」の段階で重要なのは，第一に，だれでもすぐにできる活動をさせるということである。特定の技法が必要とか楽譜が読めなかったら手も足もでないというようなことでは，だれもが参加できる授業にならない。「経験」での活動は，子どもが身構えることなく，これまでの生活や学校で身に付けてきた知識・技能を使ってできること，もしくはそれにちょっとした新しい情報を与えればできるような活動を行わせる。

第二に重要なのは，音楽活動を楽しむ中で，子どもの注意が特定の音楽要素に向くような環境をつくることである。特定の音楽要素とは，〔共通事項〕から設定した指導内容のことである。それは，音楽活動を楽しむための鍵となる音楽要素といえる。

例えば，鑑賞学習で《動物の謝肉祭》の中の〈象〉を聴きながら３拍子のステップを踏んでみることは「経験」になりうる。歩く程度の簡単なステップを見本に示せば，子どもは見よう見まねでおおよそ動けるようになる。音楽の３拍子のワルツの動きにのってステップを踏むことは音楽との一体感を味わえる楽しい活動であ

38　第２章　音楽科の指導内容と指導計画及び評価

る。音楽にのって動く気持ちよさを味わうために，自分の身体の動きを音楽の動きに調節しようとする。これは音楽との相互作用である。相互作用する中で，子どもたちは〈象〉の音楽に特有の3拍子を経験できる。

この場合，指導内容として設定されているのは3拍子であり，3拍子は〔共通事項〕の「拍」の内容である。しかし，教師が「3拍子に気を付けて動きなさい。」と指示を出すことで気付かせてはいけない。注意とは強制されて働くものではない。学習の環境をつくることによって，子どもに気付かせることが重要なのである。音楽に合わせて，3つでひとまとまりの簡単なステップを踏むという活動を提案することは，環境をつくるという一例になる。

2）「分析」

つぎに「経験」を振り返って音楽的な意味を見出す段階をおく。自分が音楽活動で経験したことが，音楽という世界からみたらどういう意味があるのかを解き明かす段階であり，それが「分析」である。指導内容についての知覚・感受の学習指導の場面になる。

上の例でいうなら，「経験」で3拍子のステップにのって動いてみた。「分析」では，それが3つの拍でひとまとまりになっていることを知覚し，その3つで一つのまとまり感を個々人がイメージを持って感受する。

そのために教師は，例えば2つでひとまとまりの動きで音楽に合わせてみる場を設定する。子どもは，2つでひとまとまりで動いてみたけどぎくしゃくして合わないと感じる。3つでひとまとまりで動くと音楽にのれて（知覚），象が踊っている感じがする（感受）。この音楽は3つでひとまとまりの動きで進んでいく音楽なのだ，これを音楽の言葉で「3拍子」という，と理解する。このように，その自分自身の知覚・感受とむすびつけて「3拍子」という用語を知る。この「分析」において重要なのは，例えば「象が踊っている」というようなイメージを形成することである。もちろん，そのイメージは子ども一人ひとり違う。必ずしも象でなくてよ

い。個々人が自分のイメージをもつことが大切なのである。

3）「再経験」

「再経験」では，「分析」で注意深い知覚・感受を通して形成したイメージをもとに表現することがねらいとなる。それは最初の「経験」を発展させた活動となる。

先の例でいえば，「分析」で〈象〉の音楽が3つの拍のひとまとまりの動きでできていることを知ったうえで，再度音楽を聴きながら動いてみる。それが「再経験」である。ただし，最初と同じ経験では当然満足が得られない。教師にとって，ここで子どもにとって何か多少の挑戦や創意工夫の余地のある活動を企画することが大事になる。例えば，3拍子のステップを変形したり，腕の動きをつけたりして身体表現に発展させる。そこでは拍子以外の要素も感じ取って，〈象〉の曲想全体を身体で表現するようになる。つまり最初の経験のステップアップした経験の場になるようにするのが「再経験」である。

4）「評価」

最後に，「再経験」の振り返りの「評価」の段階がくる。この振り返りは「再経験」の振り返りであり，また「単元」全体の振り返りという二重の意味をもつ。

ここでは，子ども自身が最初の「経験」での自分と「再経験」での自分の違いを自覚し，自己の成長を認めることが期待される。先の例では，グループでつくった身体表現の発表を行い，相互交流すること，指導内容（3拍子）の学習状況をアセスメントシートで確認すること，楽曲〈象〉に対しての自分の味わいを批評文で表現することが考えられる。

同時に，ここでの「評価」は，指導者側にとっても，子どもの学習状況を評価する場面となる。一人ひとりが学習の前と後でどう変容したかの評価を行うことができる。

（3）「経験−分析−再経験−評価」の使用

「経験−分析−再経験−評価」は単元構成で使う。単元が1時間単元なら，1時間の授業展開を「経

験−分析−再経験−評価」の枠組みで組む。3時間単元なら，3時間の授業展開を「経験−分析−再経験−評価」の枠組みで組む。旧来は，学習指導案は「本時」という1時間の授業を記述することが一般的であったが，平成29年改訂学習指導要領では，学習を有効にするために，その場その場の断片的な学習ではなく，「単元」としてまとまりある学習を計画することの重要性が指摘された。

「経験−分析−再経験−評価」の枠組みは固定化されたものではない。活動によっては「経験−分析」が短いスパンで何度も繰り返されることもある。また，時間配分としても各段階は均等である必要はない。音楽をつくる活動が「経験」にくる場合は「経験」が長くなることが多い。要するに学習活動のつながりが＜経験−経験の反省＞になっているかどうかを意識しながら，「経験−分析−再経験−評価」の適用は柔軟に考えることが重要である。

（4）指導内容の焦点化

「経験−分析−再経験−評価」による学習過程が，まとまりをもった一貫性あるものとなるには，そこでの学習活動を組織するための軸をもつ必要がある。それが「指導内容」である。授業は，限られた時間内での意図的な営みであるから，この単元で扱う音楽の，どこに焦点を合わせて音楽と相互作用をさせるか，という教師側の目論みがあるはずである。それが指導内容となる。

先の例では拍子（3拍子）が指導内容となっていた。教師が漫然と思いつくままに音楽活動をさせるのではなく，指導内容を絞ってそれを単元の軸とすることで，「経験」から「分析」「再経験」「評価」までが連続性をもって展開されることになる。指導内容を設定するのに〔共通事項〕がヒントとなる。〔共通事項〕はすべての学習活動の基盤になるものとされている。まずは〔共通事項〕から指導内容を選ぶとよい。そして，活動の形で示されている「指導事項」を考慮する。

（5）指導内容と知覚・感受との対応関係

指導内容を設定したら，それでどういう学力を育てるのかという話になる。指導内容を教師が一方的に言葉で説明して教えるのでは，学習者の経験の再構成にはならない。指導内容に対して，学習者が身体諸感覚器官で知覚し，その特質をイメージをもって感受する場面をつくらないといけない。

先の例でいえば，「経験」で音楽を聴いて3拍子のステップを踏ませる活動は，学習者側の知覚・感受を期待するものである。「分析」で，拍の2つのまとまりと比較して3つのまとまりを耳や目や身体で把握させる場面は，「経験」での知覚・感受を意識化させて3拍子の理解へつなげる意図がある。「再経験」では〈象〉は3拍子の動きであることを意識して，それをもとに楽曲全体の知覚・感受へ拡げるような身体表現の場をつくる。ここではとくに「思考・判断・表現」という一連の思考過程が展開されることを期待する。「評価」では最低限の学習として，3拍子の知覚・感受・理解が行われたか，それにもとづいて楽曲全体の鑑賞が為されたか一人ひとり確認できる場をつくる。鑑賞の学習において味わいを批評文にまとめることは，学習を通して更新した「知識・技能」を活用することになる。単元を通して一人ひとりの学力を確実に保証していくことが大切である。

（6）社会的な場の設定

以上の「経験−分析−再経験−評価」の学習過程は，教師対子どもの関係では実現できない。学習過程に友だちと交流する場面を設定することが必須となる。具体的にはペア学習やグループ学習を組み入れる。一斉学習も，個と個の意見がダイナミックに交流できる有効な場として活用していく視点が必要である。

とくに「分析」では，一人ひとりの感じたことや考えたことが様々に表に出てくる場となる。そこで，子どもは自分と友だちとの違いや共通するところを見つけ，これまでの感じ方や考え方を再構成することができる。教師として

は，子どもの出してきたものを取り上げ，それらの関連づけを行うようにする。

さらに，協働して物事を為すことは，音楽の世界の認識の側面だけでなく，子どもの社会性の発達にも有効に働く。音楽の授業が，ただ楽器を弾けるようにする授業にとどまるのではなく，そのことを通して人間関係をつくっていく力を育てる場になることが，「生成の原理」による授業では期待できるのである。このことも学校教育としての音楽科が貢献できることである。
（小島律子）

3．学習指導案の作成
（1）学習指導案とは
1）学習指導案の項目

学習指導案（以下，指導案と略）は，実践を想定して構想した授業の計画書である。指導案に決まった形式はないが，目標・評価・学力，教科内容・指導内容・教材，指導計画・学習過程等の授業の諸要因を含み，それらが有機的関連を備えていることは必須である。

2）学習指導案を作成する意味

ところで，「授業の構想さえできていれば学習指導案なんて書く必要がない」という人もいると聞く。では構想に留めず，わざわざ指導案として作成する意味はどこにあるのだろうか。

それは，構想から作成への過程で授業者は何を思い気付くのかということにある。一つは，授業者は構想した授業の内容を具体化し，確認する作業を行うことになるということである。具体的には，計画の曖昧な部分に気付く，指導の手順や準備物などを確認するといったことが考えられる。

もう一つは，指導者としての自分の立場だけでなく，学習者としての児童の存在が意識できるということである。児童の存在を意識することで，例えば，教材を提示する掲示物やその際の発問の仕方など，授業を進めるための細々とした配慮の必要性にも気付き，具体的な確認作業ができると考えられる。

3）仮説としての学習指導案

しかし，ここで留意すべきことがある。それは，どんなに検討を重ねたものであっても指導案は固定的なものではなく，あくまでも仮説だということである。そして，授業実践では，学習者である児童の反応に対応して指導案をつくり変えていくことが前提だということである。児童の反応に臨機応変に対応して授業を進めることは，ベテラン教師であっても難しい。しかしそれだからこそ，計画を実践に移す前に授業についての検討が必要になるのである。

4）学習指導案の種類

指導案には，一般的に略案，細案，「本時案」と呼ばれるものがある。それらはいずれも1時間の授業展開を示すものである。しかし，ここでは「学習のひとまとまり」の単位である単元全体の指導案を提示する。それは，単元を通しての子どもの学習経験の連続性を重視するためである。

（2）学習指導案作成の実際

では，指導案はどのように作成していけばよいか。ここでは「生成の原理」による授業デザインとしての指導案の作成の仕方を述べる。

指導案は標準的な形式とし，「指導内容」，「単元名」，「対象学年」，「教材」，「教材と単元について」，「指導計画」，「単元目標・評価規準」，「展開」の8項目で構成する（→p.51 **資料2**）。平成29年改訂学習指導要領を反映させて，指導案の構成項目順に作成の仕方を述べていく。説明には〈行進曲〉を教材とする鑑賞の授業事例（→p.112）を用いる。

1）指導内容

指導内容は，学習指導要領の〔共通事項〕と「指導事項」から設定する。

① 〔共通事項〕からの指導内容

授業での活動を通して最低限何を学習させるのかを示すものである。教材としての楽曲（音楽づくりの場合は活動自体）を特徴付けている構成要素のうち，誰でも知覚できると考えられる構成要素を〔共通事項〕から1つ選び設定す

る。「音色」を選んだとしたら，何の音色なのかまで書くと何を指導するのか明確になる。例えばオーケストラの音色を指導内容とする場合は「音色（オーケストラの音色）」のように書くとよい。そして，構成要素は曲全体の曲想を生み出すように働くので，そこに「曲想」を加える。「音色（オーケストラの音色）と曲想」となる。
② 「指導事項」からの指導内容

〔共通事項〕の知覚・感受を基にした音楽活動をするために必要な内容を「指導事項」から選び設定する。「指導事項」は，「A表現」と「B鑑賞」では項目が次の図のように資質・能力別に示されている。

A表現	B鑑賞
ア（思考力，判断力，表現力等）	ア（思考力，判断力，表現力等）
イ（知識），ウ（技能）	イ（知識）

これらの資質・能力ア，イ，ウはそれぞれ別個のものではなく，一体となって働くものなので，相互に関連させて育てなければならない。ゆえに「A表現」ではア，イ，ウ，「B鑑賞」ではア，イというすべての項目を「指導事項」として設定する。そして，ア，イ，ウの下に(ア)などの下位の項目がある場合は，特に単元内容に関係する項目を選ぶ。そして「表現(1)歌唱ア，イ，ウ(イ)」や「鑑賞(1)ア，イ」のように記述する。〈行進曲〉の事例の場合は以下のような記述となる。

指導内容	共通事項　音色（オーケストラの音色）と曲想 指導事項　鑑賞(1)ア，イ

2）単元名

単元名は，この単元でどの分野の音楽活動をさせるのか，そして，その音楽活動を通して児童に何を学習させるのか，を大きく示すタイトルである。〔共通事項〕からの指導内容と活動分野のわかる文言を入れる。

単元名	オーケストラの音色を意識して〈行進曲〉を味わおう

この単元名から，「オーケストラの音色」が単元の軸となる指導内容であること，活動分野は鑑賞であることが伝わる。つまり「オーケス

トラの音色の知覚・感受を基に〈行進曲〉全体を味わわせる」という授業のねらいが明確になるのである。

これ以降の項目からは，常に単元名が示す授業のねらいに帰りながら作成を進めていくとよい。そうすることで拡散した授業になることが防げる。

3）対象学年

例えば「第5学年」のように，授業を実施する対象学年を書く。

4）教材

単元の目的を達成するために使用する楽曲ないし活動を書く。楽曲は曲名の他に作詞者や作曲者，編曲の場合は編曲者名も書く。

教 材	《組曲　くるみ割り人形》より〈行進曲〉 チャイコフスキー作曲

音楽づくりの場合は「お囃子づくり」のように，活動そのものが教材となる。そこで「お囃子づくりの活動」というように活動自体を書く。活動の参考として楽曲を用いるのであれば，それも書く。

5）教材と単元について
① 教材について

教材は〔共通事項〕からの指導内容を指導するのにふさわしい教材を選択する。教材が先に選択されている場合は，教材の音楽的特徴から〔共通事項〕からの指導内容を選択する。

以下に記述すべき内容を挙げる。

● 選択した教材の音楽的特徴が〔共通事項〕からの指導内容とどのように適合しているかを書く。

〈行進曲〉は，主題の前半を管楽器，後半を弦楽器が演奏しては打楽器で締めくくることを繰り返し，管弦打による演奏へと変化して終わる。そのため，管・弦・打，およびそれらの楽器の重なりによる音色が聴き取りやすい。

● 教材の音楽的特徴に風土・歴史・文化が大きくかかわっている場合は，曲の生まれた背景を書く。児童が背景を知ることは，〔共通事項〕からの指導内容を知覚・感受する際，それを補完する情報となる。

（例：p.68《売り声》，p.100《こげよマイケル》）

● 曲が音楽だけでなく，遊びや踊りやドラマなどとかかわっている場合は，それを書く。

（例：p.80《十五夜さんのもちつき》）

● 指導内容を知覚・感受させる方法を示す。

> ピアノ用にアレンジされたものと，オリジナルのオーケストラで演奏されたものとを比較聴取させることによって，オーケストラの楽器の音色が生み出す特質を感じ取らせる。そしてその演奏のよさを紹介文によって人に伝える学習を行う。

② 単元について

授業者がこの単元で最も重視する子どもの学習経験を書く。

> この単元では，オーケストラという合奏形態において管弦打の楽器の音色が重なるとどのような響きや表現効果が生み出されるのか経験させたい。

6) 指導計画

指導計画は，その単元を指導するのに核となる活動と時間を大まかに示したものである。

指導計画は，「生成の原理」に基づく授業が展開しやすい「経験−分析−再経験−評価」という枠組みを用いる。

① 「経験−分析−再経験−評価」とは

この枠組みの「経験」「分析」等の各ステップは，連続的に学習経験を発展させるために，それぞれ活動の目的をもつ。そこで，指導計画は，各ステップの目的に対応する学習活動とその学習活動に必要な時間を書いていくとよい。

まず，各ステップの目的を表に示す。

ステップ	目 的
経 験	誰にでもできる音楽活動で教材との相互作用を行わせ，〔共通事項〕からの指導内容に気付かせる。
分 析	〔共通事項〕からの指導内容を知覚・感受させ，教材を表現・鑑賞させるための手がかりを得させる。
再経験	ステップアップした経験となるように創意工夫（思考）の余地のある音楽経験（表現・鑑賞の活動）をさせる。
評 価	再経験や単元全体を振り返らせる。

次に，上記の各ステップの目的に対応させた学習活動の例を示す。

ステップ	学習活動
経 験	演奏されている楽器を意識しながら〈行進曲〉を聴き，演奏楽器による曲想の違いに気付く。
分 析	オーケストラの音色を知覚・感受し，鑑賞への手がかりを得る。
再経験	オーケストラの音色について理解して鑑賞し，紹介文を書く。
評 価	紹介文を交流し，オーケストラの音色についてのアセスメントシートに答える。

では，各ステップの目的に対応する学習活動はどのように考えたらよいのだろうか。その手がかりとなるのが，各ステップの目的のキーワードである。キーワードを［　　］で示し，学習活動の考え方を説明していく。

② 経験

［誰にでもできる音楽活動］を考える。それは，難しくなく，誰でも取りかかれる活動をいう。そこで事例では，誰でも取りかかれる活動として「楽器を意識しながら〈行進曲〉を聴く」という活動を設定している。

［教材との相互作用］とは，教材に働きかけ働き返されることをいう。音楽の場合，働きかけるとは「聴く」,「歌う」といった活動になり，働き返されるとは「聴く」,「歌う」といった活動の結果として音楽の何かに気付いたり感じたりすることをいう。事例の教材は〈行進曲〉であることから，ここでは「〈行進曲〉を聴き（働きかけ），演奏楽器による曲想の違いに気付く（働き返される）」という活動を設定している。

［〔共通事項〕からの指導内容に気付かせる］とは,事例の指導内容は「オーケストラの音色」であることから「オーケストラの音色」に気付かせることになる。オーケストラの音色に気付きやすくするため，ここではオーケストラの楽器とオーケストラではない楽器(ピアノ)の演奏による〈行進曲〉を比較して聴くという活動を設定している。

③ 分析

［〔共通事項〕からの指導内容を知覚・感受］とは，事例では〔共通事項〕からの指導内容が「オーケストラの音色」であることから「オー

43

ケストラの音色を知覚・感受する」活動を設定している。「経験」で気付いたオーケストラの音色の特質を，ここでしっかりと知覚・感受させて意識させる。

④　再経験

［ステップアップした経験］とは，「経験」での学習経験をステップアップさせたものをいう。事例では最初の「経験」では，楽器の音色に注意を払って〈行進曲〉を聴くという学習経験を行った。ここでは，それをステップアップさせ，オーケストラの音色というものを理解したうえで〈行進曲〉全体を鑑賞し，紹介文を書くという学習経験を設定している。音色という要素だけに注意を払うのではなく，音色を手がかりに要素間の関連，さらに楽曲全体を知覚・感受する学習経験に広げている。

⑤　評価

［再経験の振り返り］とは，「再経験」での音楽活動を振り返るということである。書いた紹介文を振り返るという意味で，紹介文の交流という活動を設定している。

［単元全体の振り返り］とは，その単元で何を学習したのかを振り返ることをいう。事例では，単元を通して最低限学習させるのは〔共通事項〕からの指導内容であった。そこで，ここでは〔共通事項〕からの指導内容である「オーケストラの音色」についてのアセスメントシートに答える活動を設定している。

⑥　「経験−分析−再経験−評価」の特徴

それでは，このように作成された指導計画の特徴はどこにあるのか，2点挙げておく。

各ステップにおける学習活動は，どのステップも「オーケストラの音色」に焦点化した活動になっている。

「オーケストラの音色」を指導者が「こういうものだ」と教えるのではなく，子ども自身が「オーケストラの音色とは」といった問題を解決していく過程となっている。

7）単元目標・評価規準

①　目標と評価

単元目標は，その単元の学習を通して児童に身に付けさせたい音楽科としての学力を記したものである。評価は，目標とした学力の実現状況を評価する。つまり目標と評価は内容的に同じものになる。そこで目標は評価から立てる。

指導案では「単元目標・評価規準」の欄は目標を書くこととし，文末は「〜する」「〜できる」のように書くと伝わりやすい。

②　観点別評価

次に，評価は観点別に行う。観点別評価は観点ごとに評価規準を立てて行う。評価規準は目標の達成度を評価する際の視点になる。そのため単元目標は観点別に立てられた評価規準と同じ内容となる。

以上の目標と評価の関係性により，本指導案では目標と評価規準とを分けずに「単元目標・評価規準」という項目を置く。そして「評価の観点」「具体の学習場面における評価規準」の記述欄を設ける。

③　音楽科で育成すべき学力

では，音楽科で育成すべき学力とはどのような資質・能力をいうのだろうか。「生成の原理」に基づく音楽科の学力は，「コミュニケーション」を土台とする「興味」「知覚・感受・思考」「知識・技能」の3つの要素が連動して働く「生成型歯車構造」(以下，生成型学力と記述)をもつ。[2]

この生成型学力の3つの要素は次のように相互関連している。ステップ「経験」で目的とされた「教材との相互作用」を行うには，まずは教材とつながるための「興味」が，教材と関わるには「知識・技能」が必要になる。また，「知識・技能」を活用して探究としての問題解決過程をたどって表現や鑑賞を行うには音楽科では「知覚・感受・思考」が必要になる。

そして，この生成型学力を，学校教育法での「学力の三要素」に対応させれば以下の表のようになる。

「学力の三要素」による 評価の観点	生成型学力
知識・技能	知識・技能
思考力・判断力・表現力	知覚・感受・思考
主体的に学習に取り組む態度	興味，コミュニケーション

指導案では，まず「学力の三要素」による「評価の観点」を記述し，「評価の観点」に対応する「単元目標・評価規準」，そして「具体の学習場面における評価規準」へと書き進めていく。

「具体の学習場面における評価規準」の欄は，ある学習場面において，各観点から「おおむね満足」と教師が見取る児童の姿を具体的に書く。評価の方法としては，観察，ワークシート，アセスメントシートなどが考えられる。

8）展開

展開は，6）で考えた指導計画に基づき，各ステップの核となる学習活動が実現できるように具体的な授業展開を構想する。展開は，本指導案では縦4段に分ける。各段の冒頭欄には「6）指導計画」に書いた各ステップの核となる学習活動を書く。それは常に各ステップの目的を意識するためである。

つぎに横3段に分け，左から「子どもの学習」，「指導者の活動」，「評価」の順に書く。

「子どもの学習」は指導計画に示した各ステップの主となる学習活動を書く。そして，その活動を児童が無理なくできるように，段階を踏んで学習活動を書いていく。

「指導者の活動」は「子どもの学習」を成立させるために必要な指導者の働きかけを書く。

「評価」は，「7）単元目標・評価規準」で作成した「具体の学習場面における評価規準」を授業展開のどこでみるか，どんな方法でみるかを記述する。「主体的に学習に取り組む態度①（観察）」のように書く。

評価の場面は単元全体を通していくつかあるが，この単元での子ども一人ひとりの最終的な評価を行うための評価場面には，とくに★印等をつけておくとよい。　　　　　（髙橋澄代）

4．学習評価の実際
（1）評価と評定
1）「評価」と「評定」の意味

学校現場では「評価」という言葉が「テストなどの結果を点数で示す」という狭い意味で用いられることがあった。本来，教科教育における「評価」は，教師側からすれば，教師が設定し指導した学習の目標を，子どもがどのくらい実現できているかを把握し，授業の改善の手がかりを得る目的で行われなければならない。加えて，児童側からすれば，評価を返されることで，その時点での自分自身の学習状況が分かると同時に，学習意欲が喚起され，次の学習課題を見つけることができるものでなければならない。つまり，授業中の声かけによるアドバイスや励ましも，児童のやる気を引き出し，今の学習状況を分からせ，次の学習課題を見つけさせることにつながれば評価活動と言えるのである。

それでは，「点数」とはどのようなものなのだろうか。実技のテストやペーパーテストなどで子どもに示す点数は，評価した学習状況を数値化したもので，広い意味での評価に含まれる。

また，このような数値化された評価すなわち点数は，その特性から集団の中で他者との比較が容易となるため，「相対評価」にも用いられてきた。しかし，現行の評価は「相対評価」ではなく，「目標に準拠した評価（いわゆる絶対評価）」で行うことが求められている。そのため，評価を点数化して示す場合は，その点数のもつ意味についても示しておく必要がある。

「評定」とは「小学校児童指導要録」（以下，指導要録と記す）に記録される，個々の児童の1年間の学習状況を総括した評価であり，教科の目標の実現状況を3，2，1の三つの段階で示すものである。もちろん，この評定は集団の中での相対的な順位を表すものではない。また，学校によっては各学期末などの節目ごとに「通知表（注：名称は学校により様々である）」などを用いて，ある期間の学習状況の評価を総括し，それを数値化したものを様々な形で児童に示している。このように示されるものも「評定」と呼ぶ場合もある。

2）「指導要録」に記入する「評定」

「指導要録」（参考書式→p.52 **資料3**）で，第三学年以上に記載する評定は，3，2，1の段階で記入し，この三つの段階は「学習指導要領」

に示される教科の目標に照らして、その実現状況を以下のように示すことになっている。

　　3：「十分満足できると判断されるもの」
　　2：「おおむね満足できると判断されるもの」
　　1：「努力を要すると判断されるもの」

　授業者は、単元ごとの学習のねらいについて、その実現状況を三つの観点ごとにA、B、Cの記号で示す。それが評定を導き出す元になる日常の学習状況の評価となる。さらに、1年間に学習したすべての単元の評価を観点ごとに総括して、「指導要録」の「観点別学習状況」の欄にA、B、Cの記号で記録する。なお、このA、B、Cは、それぞれ、評定の3、2、1の段階と同じ実現状況を示すことになっている。

　このような評定を導き出す一連の流れは図1のようになる。

3）評価の総括をどのように行うか

　評価を総括する時期は、図1の①～④がある。

```
図1     ①単元における「観点別学習状況」
              〈A,B,Cで記録〉
       （児童への示し方は学校により異なる）
              ↓
        ②学期における「観点別学習状況」
              〈A,B,Cで記録〉
   （児童への示し方は「通知表の評定」など、学校により異なる）
              ↓
        ③年間における「指導要録」の「観点別学習状況」
              〈A,B,Cで記入〉
              ↓
        ④年間における「指導要録」の「評定」
              〈3,2,1で記入〉
```

① 単元における「観点別学習状況」への総括

　ある単元が終わったときに、児童一人ひとりについて、その単元における評価の結果を観点ごとに総括する。

　単元によっては、1つの観点について、授業の流れの中で複数の場面で見ることがある。例えば、「知識・技能」の観点について、「音楽活動を通して実感を伴いながら知識が習得できたか」を評価する場面と「思いや意図を表現できる技能が習得できたか」を評価する場面の2つ

があるとする。このような場合、単元終了後に観点ごとの総括を行う。

　また、単元の観点別学習状況の評価を児童に知らせる方法は、ワークシートに「コメント」で記入して返したり、簡単な評価票に観点ごとに「◎○等の記号」を記入して渡したりなど学校により様々である。しかし、その元になる評価は年度末に評定へ総括するため、必ず観点ごとにA、B、Cで記録しておく必要がある。

② 学期における「観点別学習状況」への総括

　単元ごとに総括した評価を、学期末や学年末に児童や保護者に「通知表」などで知らせるために行う総括である。時期については、学期などの節目ごとや、学年末だけなど、学校の事情により異なる。

③ 年間における「観点別学習状況」への総括

　その年度で学習したすべての単元の観点別評価を総括するものである。

　②及び③の場面での総括を行うときに最も注意すべきことは、それぞれの児童の学習状況を、観点ごとに総括していくということである。例えば、2つの単元を表1、表2のように評価したとする。「児童1」を例に挙げると、〈単元アについては「知識・技能」の観点がA、「思考・判断・表現」の観点がB、「主体的に学習に取り組む態度」の観点がAだからABAでA〉というように総括するのではなく、〈「知識・技能」の観点については、単元アがA、単元イがAだから、AAでA、「思考・判断・表現」の観点については、単元アがB、単元イがBだから、BBでB〉というように観点ごとに総括していくのである。

表1

単元ア	知識・技能の観点	思考・判断・表現の観点	主体的に学習に取り組む態度の観点
児童1	A	B	A
児童2	A	B	B

表2

単元イ	知識・技能の観点	思考・判断・表現の観点	主体的に学習に取り組む態度の観点
児童1	A	B	A
児童2	A	A	B

④ 年間における「指導要録」の「評定」への総括

観点ごとのA，B，Cの評価を，個人の評価として最終的に1つにし「評定」とする。

表3は4つの単元それぞれの「知識・技能」の観点だけについて総括したものである。これと同じ方法で，3つの観点ごとに1年間の学習状況を総括したA，B，Cの評価を指導要録の「観点別学習状況」の欄に転記する。そして表4に示すように評定へと総括する。

表3

知識・技能	単元ア	単元イ	単元ウ	単元エ	総括
児童1	A	A	A	A	A
児童2	A	A	A	B	A
児童3	A	A	B	B	B
児童4	B	C	B	C	B

表4

総括	知識・技能の観点	思考・判断・表現の観点	主体的に学習に取り組む態度の観点	評定
児童1	A	A	A	3
児童2	A	A	B	3
児童3	B	B	A	2
児童4	B	B	B	2

注：表4の網掛け部分は表3の網掛け部分を転記したものである。

4）総括のルール

このように総括を行うときは様々なケースに対応しなければならない。そのためには一定のルールを設定しておく必要がある。例えば表3では，児童1と児童2の総括がAになっている。

しかし，児童1はすべての単元においてAが付いているのに対し，児童2は1つの単元にBが付いている。また，児童3のように，AとBの数が同数の場合や，児童4のようにBとCの数が同数の場合など，様々なケースがある。ここでは，A，B，Cの数のバランスに基づき総括するというルールが設けられている。しかし，これとは違ったルールも考えられる。例えば「総括がAとなるのは，元の評価がすべてAの場合のみとする。」とか，「A，B，Cを点数化して合計点で決める」方法などである。

どのようなルールで行うにしても，この部分は学校や教師に任されている。そのため，地域の教師間でネットワークを作るなどして，定期的に情報を交換し，ルールの検討を重ねることが大切になる。　　　　　　　　　（田中龍三）

（2）評価及び評定の実際

それではつぎに，評価及び評定の実際について，1人の児童（第2学年の児童S）を例に取り上げながら考えていくこととする。事例とする授業は，本書の第3章低学年の事例5「卵のからをつけたひなの踊り（展覧会の絵　より）」である。

【単元における評価】

1）評価の留意点

単元において評価を行う上で大切なのは，各時間における評価結果を次の時間の教師の支援に生かすということである。

教師は，評価規準に照らして，すべての児童の評価が「B」（おおむね満足できると判断される状況）になることを目指し，指導を積み重ねていく。したがって，毎時間の評価では，「C」の状況の児童がいないかどうかを見極めることが中心となり，必ずしもすべての児童に「A」「B」「C」をつけるわけではない。

具体的には，座席表やグループ名簿を常に手元に置き，指導を行いながら児童の様子をメモしたり，授業終了後にワークシートを確認したりという方法を取る。そして，「C」と評価した児童には，必ず次の時間以降に指導の手だてを講じることが求められる。

一方，指導過程のどこかの場面で，児童全員が「A」「B」「C」のどの状況にあるかを明確に評価することも必要である。これは，単元における学習成果をみる評価であり，主な評価方法としては，アセスメントシートや演奏などが挙げられる。（「主体的に学習に取り組む態度」の評価については，観察法が中心となる。）

一つの単元において，評価の各観点につき最低1回はこのような学習の成果をみる評価を行い，一人ひとりの学習状況を確認する必要があ

る。本書ではこの種の評価に★印を付けてある。

２）学習過程での児童Ｓの評価結果

では，事例５「反復と変化を意識して〈卵のからをつけたひなの踊り〉を味わおう」（全２時間）における児童Ｓの評価結果をみていこう。

ここでの指導内容は「反復と変化」であり，鑑賞教材として《展覧会の絵》より〈卵のからをつけたひなの踊り〉を使う。

指導内容が「反復と変化」であることから，単元目標は以下のように立てられている。

● 反復と変化について理解して楽曲全体を味わい，その味わいを人に伝えることができる。

● 反復と変化を知覚し，それが生み出す特質を感受し，楽曲全体の味わいにつなげる。

● 反復と変化に関心をもち，意欲的に聴く。

本単元における評価結果は下記のとおりである。

① 第１時

主な学習活動は，〈卵のからをつけたひなの踊り〉を聴いて体を動かし，途中で曲の感じが変化していることに気付くことである。本時の評価規準は以下のとおりである。

「主体的に学習に取り組む態度」の観点

● Ａ→Ｂ→Ａという曲の変化に注意を向けて聴いている。　　→児童Ｓの評価：Ｂ

② 第２時

主な学習活動は，体を動かすことを通して反復と変化を知覚・感受したのち，〈卵のからをつけたひなの踊り〉の楽曲全体を鑑賞することである。本時の評価規準は以下のとおりである。

「知識・技能」の観点

★批評文において，反復と変化についての理解を基に楽曲全体の味わいを人に伝えている。　　→児童Ｓの評価：Ｃ

★アセスメントシートに用語（反復と変化）についての理解を示している。　　→児童Ｓの評価：Ｂ

「思考・判断・表現」の観点

● 反復と変化についての知覚と感受を適切に発言したり，対応して体を動かしたりしている。　　→児童Ｓの評価：Ｃ

★反復と変化の知覚・感受を手がかりに，楽曲全体を見通して批評文を書いている。
　　→児童Ｓの評価：Ｂ

「主体的に学習に取り組む態度」の観点

★反復と変化を意識して意欲的に体を動かしている。　　→児童Ｓの評価：Ｂ

３）児童Ｓの評価の解説

児童Ｓは，第１時において楽曲の変化を意識しながら積極的に体を動かすことができていた。ところが，第２時において「ＡＢ」で終わったときと「ＡＢＡ」の最後まで聴いたときとの感じの違いを問うたところ，それらの違いを知覚・感受して言葉で表現することができなかった。そこで，再度体を動かしながら聴く際に個別の支援を行った。その結果，身体表現を通して「反復と変化」を感じ取ることができるようになった。このことが，その後のアセスメントシートに「反復と変化」の知覚・感受を記入できたことにもつながった。

しかし，「反復と変化」について知覚・感受したことを相手に伝える技能はまだ十分ではなく，それらを手がかりに楽曲全体を批評する力も十分とは言えない。

以上のような学習状況が，上記の①と②の毎時間の評価結果から読み取れる。

本単元の評価結果を踏まえると，児童Ｓについては，次の単元において，「知識・技能」が「Ｂ」となるように手だてを講じていく必要があると言える。

４）単元の評価の総括

評価の総括とは，主に学習成果をみる評価（本書では★印の評価）について，複数の評価結果があった場合，それらを単元の評価として一つにまとめることを意味する。本単元では，「知識・技能」に関して★印の評価が複数あるため，総括する必要がある。

【学期における評価】

このように，単元ごとの指導と評価を積み上げていきながら，１学期末及び２学期末に各学期の評価の総括を行う。評価の方法は，単元における評価の総括と同様である。

児童Sの1学期の5つの単元における評価結果とこれらの評価を総括した結果は，次のとおりである。

＜1学期＞

観点	各単元における評価					総括
知識・技能	C	C	C	C	C	C
思考・判断・表現	C	B	C	C	B	C
主体的に学習に取り組む態度	B	B	B	B	B	B

同様に，児童Sの2学期の6つの単元における評価結果とこれらの評価を総括した結果は，次のとおりである。

＜2学期＞

観点	各単元における評価						総括
知識・技能	C	B	C	B	C	B	C
思考・判断・表現	C	B	C	B	B	B	B
主体的に学習に取り組む態度	B	A	B	B	B	A	B

1学期の評価結果をもとに，2学期は「知識・技能」，「思考・判断・表現」について重点的に指導した結果，児童Sは，学期後半の単元における「思考・判断・表現」の観点の評価規準において「おおむね満足できる状況」を達成することができるようになった。そこで，2学期の評価結果を「ＣＢＢ」と総括したのである。

ここで留意すべきことは，「評価を総括する場合，単純に単元ごとのＡ，Ｂ，Ｃの数では決められないこともある」ということである。特に，表現領域の歌唱や器楽分野における「知識・技能」の評価については，指導の積み重ねの成果が後半の単元において表れることも考えられるため，評価の総括を行う際には，そのことも考慮に入れる必要がある。

【年間における評価】

＜3学期＞

観点	各単元における評価			総括
知識・技能	C	B	C	C
思考・判断・表現	B	B	B	B
主体的に学習に取り組む態度	B	A	B	B

1・2学期と同様に，3学期についても評価の総括を行い，その上で，年間における評価の総括を行う。児童Sの年間の評価を総括した結果は，次のとおりである。

＜年間＞

観点	1学期	2学期	3学期	総括
知識・技能	C	C	C	C
思考・判断・表現	C	B	B	B
主体的に学習に取り組む態度	B	B	B	B

今まで述べてきた手順を経て得られた児童Sの第2学年における音楽の評価は，「思考・判断・表現」，「主体的に学習に取り組む態度」については，「Ｂ」（おおむね満足できると判断される状況）となり，「知識・技能」については「Ｃ」（努力を要すると判断される状況）となる。そこで，児童Sに対する第3学年に向けての指導上の課題は，「知識・技能」をいかに身に付けさせるかということになる。

（3）小学校児童指導要録（参考書式）の作成

年間における評価結果は，「観点別学習状況」及び「評定」として，小学校児童指導要録（→p.52資料3）に記入することが定められている。

1）観点別学習状況欄への記入

この欄には，先に述べた年間の総括の結果をそのまま記入する。児童Sの場合は，「ＣＢＢ」となる。

2）評定欄への記入

次に観点別学習状況をもとに評定を導き出す。

児童Sの場合は，第2学年のため，評定は行わない。仮に，児童Sが第3学年以上である場合，観点別学習状況が「ＣＢＢ」であるから，評定は「2」となる。

なお，観点別学習状況が「ＡＡＡ」の場合は必ず「3」となり，「ＢＢＢ」の場合は「2」，「ＣＣＣ」の場合は「1」となる。それ以外は，適宜判断することとなるが，先にも述べたとおり，単なる機械的な評定への導き出し方をしないように留意する必要がある。

3）総合所見欄への記入

さらに年間を通した指導の中で，「目標に準

49

拠した評価」（A・B・C）には成果としてなかなか表れなくても、「個人内評価」としてみたときには大きな成果があったというような場合は、「総合所見及び指導上参考となる諸事項」の欄に文章で記述する。例えば、「鍵盤ハーモニカを何度も繰り返し練習し、少しずつできるようになってきたことが、音楽に対する本人の自信につながってきている。」「音楽を聴いて感じたことを言葉で表せるようになり、以前に比べ意欲的に音楽の学習に取り組めるようになってきている。」等である。　　　（松本絵美子）

【注】
1）　資料1については、斉藤百合子（2006）「小学校音楽科年間指導計画　小学校第2学年」、日本学校音楽教育実践学会編『生成を原理とする21世紀音楽カリキュラム－幼稚園から高等学校まで－』、東京書籍、p.244を引用し修正している。
2）　小島律子（2015）「音楽科の学力」、小島律子編著『音楽科　理論と実践－生成の原理による授業の展開－』、あいり出版、p.101を参照。
【参考文献】
・「小学校学習指導要領」（平成29年）
・「小学校学習指導要領解説　音楽編」（平成29年）

《資料》

資料1：年間指導計画（小学校第2学年の記入例）

月	指導内容	単元名	時数	学習活動	評価観点	評価規準
4	○拍 ○歌唱	拍の流れを意識して、遊び歌を歌おう 《お寺のおしょうさん》 《ロンドン橋》 《ビンゴ》	5	1.いろいろなわらべうたや遊び歌の歌と遊び方を知り、楽しく歌う。 2.友だちと一緒に楽しくお手合わせなど遊び歌を楽しむ。 3.クラスみんなでできるわらべうたや遊び歌を楽しむ。	① ② ③	拍の流れを意識して、イメージが伝わるように歌っている。 拍の流れを知覚・感受し、イメージが伝わるように歌い方を工夫している。 拍の流れに関心をもち、意欲的に歌っている。
5	○旋律の重なり（カノン） ○器楽	旋律の重なりを意識して、演奏しよう 《かえるのがっしょう》	4	1.教材を階名唱して、旋律を覚える。 2.鍵盤ハーモニカで音と鍵盤の位置を確認し演奏する。 3.旋律を重ねた時と重ねていない時の違いを交流する。 4.旋律の重なりを取り入れて演奏を工夫し、発表する。 5.旋律の重なりについてのアセスメントシートをする。	① ② ③	旋律の重なりを意識して、イメージが伝わるように鍵盤ハーモニカを演奏している。 旋律の重なりを知覚・感受し、イメージが伝わるように鍵盤ハーモニカの演奏を工夫している。 旋律の重なりに関心をもち、意欲的に鍵盤ハーモニカを演奏している。
6	○拍子 ○鑑賞	3拍子を意識して、音楽をきこう 《メヌエット》	3	1.曲を聴いて自由に身体を動かし、どんな感じがしたか交流する。 2.グループで3拍子に合わせた動きを考え、発表する。 3.批評文を書き、3拍子についてのアセスメントシートをする。	① ② ③	3拍子について理解して楽曲全体を味わい、その味わいを根拠をもって人に伝えている。 3拍子を知覚、感受し、楽曲のよさを味わっている。 3拍子に関心をもち、意欲的に音楽を聴いている。

＊【評価観点】：①知識・技能　②思考・判断・表現　③主体的に学習に取り組む態度

資料２：学習指導案の書式例

音楽科学習指導案

授業者　○○○○○

1. 指導内容　共通事項
　　　　　　　指導事項
2. 単元名
3. 対象学年
4. 教材
5. 教材と単元について
6. 指導計画(全　時間)

ステップ	学習活動	時
経験	●	第　時
分析	●	
再経験	●	第　時
評価	●	

7. 単元目標・評価規準

評価の観点	単元目標・評価規準	具体の学習場面における評価規準
知識・技能		
思考・判断・表現		
主体的に学習に取り組む態度		

8. 展開

	子どもの学習	指導者の活動	評価
経験			
分析			
再経験			
評価			

資料３：小学校児童指導要録（参考書式） 指導に関する記録

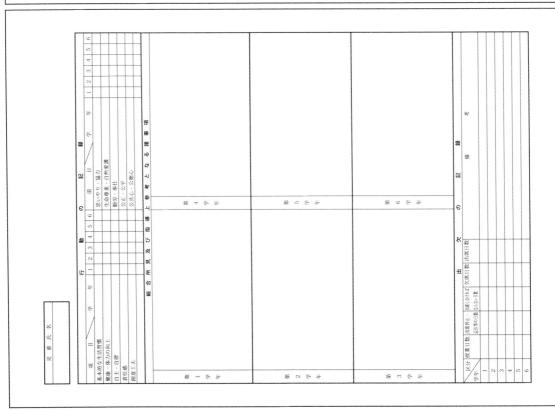

52 第２章 音楽科の指導内容と指導計画及び評価

第 3 章
音楽科授業の実践

●単元一覧表

【低学年】

番号	分　野	教　材	学年	指導内容	執　筆担当者	ページ
1	歌　唱	かくれんぼ	第2学年	呼びかけとこたえ	廣津友香	56
2	歌　唱	かたつむり	第1学年	リズム（はねるリズムとはねないリズム）	大和賛	60
3	器　楽	虫のこえ	第2学年	音色（楽器の音色）	藤本佳子	64
4	音楽づくり	売り声	第1学年	言葉の抑揚	横山朋子	68
5	鑑　賞	卵のからをつけた　ひなの踊り（展覧会の絵　より）	第2学年	反復と変化	清村百合子	72

【中学年】

番号	分　野	教　材	学年	指導内容	執　筆担当者	ページ
1	歌　唱	とんび	第4学年	旋律の動き	清水美穂	76
2	歌　唱	十五夜さんの　もちつき	第3学年	音の重なり（オスティナート）	矢倉瞳	80
3	器　楽	たたたこあがれ	第3学年	音色（リコーダーの音色と奏法）	竹内悦子	84
4	音楽づくり	お囃子づくり	第4学年	リズムパターン	衛藤晶子	88
5	鑑　賞	象（動物の謝肉祭　より）	第3学年	拍子	松本康子	92

【高学年】

番号	分 野	教 材	学年	指導内容	執筆担当者	ページ
1	歌 唱	つばさを ください	第6学年	強弱	楠井晴子	96
2	歌 唱	こげよマイケル	第5学年	和音の響き	藤本佳子	100
3	器 楽	越天楽今様	第6学年	音階（日本の音階）	衛藤晶子	104
4	音楽づくり	民謡音階の ふしづくり	第5学年	音階（日本の音階）	井上薫	108
5	鑑 賞	行進曲 (くるみ割り人形 より)	第5学年	音色 （オーケストラの音色）	髙橋澄代	112

【事例の留意事項】

1. 事例の「展開」の「評価」欄の★印は，単元における評価の総括の資料として，一人ずつの学習状況をみるための最低限必要な評価であることを示している。そこではＡＢＣの評語で評価する。

2. 記載時数は，指導者や学習者の実態に応じて変わり得る。

Ⅰ 低学年の授業

1 歌唱 かくれんぼ

1. 指導内容
共通事項　呼びかけとこたえと曲想
指導事項　表現(1) 歌唱ア，イ，ウ(イ)

2. 単 元 名
呼びかけとこたえを意識して《かくれんぼ》を歌おう

3. 対象学年
第2学年

4. 教　　　材
《かくれんぼ》　文部省唱歌　林柳波作詞／下総皖一作曲

5. 教材と単元について
　《かくれんぼ》は，子どもたちがかくれんぼをして遊ぶときの歌で，人を集めるところから遊びですべてが歌になっている。「かくれんぼするものよっといで」で遊びに参加する子どもたちが集まり，じゃんけんで鬼を決める。そのままかくれんぼの遊びに入り，鬼とかくれる子どもたちが「もういいかい」「まあだだよ」と，言葉のやりとりをする。このように，鬼とかくれる子どものやりとりが自然と呼びかけとこたえになっていることから，呼びかけとこたえを学ぶのに適した教材である。
　ここでは歌唱の学習活動を取り上げるが，発展として，「もういいかい」「まあだだよ」の呼びかけとこたえを別の言葉にかえたり，呼びかけとこたえを長くしたりするように，音楽づくりの学習活動も考えられる。この単元では，遊びの中にある音楽によるコミュニケーションを経験させたい。

6. 指導計画(全3時間)

ステップ	学習活動	時
経　験	●《かくれんぼ》を歌って遊び，そこに呼びかけとこたえがあることに気付く。	第1時
分　析	●呼びかけとこたえを知覚・感受し，イメージを表現する工夫への手がかりを得る。	第2時
再経験	●呼びかけとこたえを意識してイメージが伝わるように《かくれんぼ》を歌う。	第3時
評　価	●呼びかけとこたえについてのアセスメントシートに答える。	

7. 単元目標・評価規準

評価の観点	単元目標・評価規準	具体の学習場面における評価規準
知識・技能	呼びかけとこたえについて理解して，イメージが伝わるように歌唱表現できる。	①声の調子や大きさなどを変え，呼びかけとこたえを意識して歌っている。 ②アセスメントシートに用語(呼びかけとこたえ)についての理解を示している。
思考・判断・表現	呼びかけとこたえを知覚し，それが生み出す特質を感受する。	①呼びかけとこたえを分けないで一人で歌ったときと，分けて二人で歌ったときの違いを聴き分けて，分けて歌ったときの特質を感じ取っている。
	呼びかけとこたえを意識し，イメージが伝わるように表現を工夫する。	②呼びかけとこたえが伝わるような表現を工夫している。
主体的に学習に取り組む態度	呼びかけとこたえに関心をもち，意欲的に《かくれんぼ》を歌う。	①呼びかけとこたえを楽しんで遊んでいる。 ②呼びかけとこたえを分けないで一人で歌ったときと，分けて二人で歌ったときの違いに注目して指導者の歌を聴いている。 ③相手に視線をやったり身ぶりをつけたりして，呼びかけとこたえを楽しんで歌っている。

56　第3章　音楽科授業の実践

8. 展開

子どもの学習	指導者の活動	評価
経験　《かくれんぼ》を歌って遊び，そこに呼びかけとこたえがあることに気付く		
○鬼の役とかくれる役に分かれ，《かくれんぼ》で遊ぶ。	●指導者は子どもの中に入り，《かくれんぼ》の歌をリードしながら一緒に遊ぶ。（運動場や体育館など，広い場所で十分に遊べるようにする。）	主体的に学習に取り組む態度①（観察）
分析　呼びかけとこたえを知覚・感受し，イメージを表現する工夫への手がかりを得る		
○指導者が歌う二つの《かくれんぼ》の歌を比較して，1番目が板書の(ア)と(イ)のどちらか，2番目がどちらかを考え，発言する。	●子どもが呼びかけとこたえを意識するように，以下の二つの歌を比較聴取する場をもつ。 (ア)指導者と子どもが，鬼の役とかくれる役に分かれて「もういいかい」「まあだだよ」を歌う。 (イ)指導者が一人ですべて歌う。	主体的に学習に取り組む態度②（観察）
○《かくれんぼ》の歌は「呼びかけとこたえ」があることを知る。	●(ア)と(イ)の「もういいかい」「まあだだよ」のやりとりを色で表すことで，「呼びかけとこたえ」を視覚化する。【板書】	

> **板書**
>
> **(ア)の《かくれんぼ》**
> 「もういいかい」「まあだだよ」「もういいかい」「まあだだよ」「もういいかい」「もういいよ」
>
> **(イ)の《かくれんぼ》**
> 「もういいかい」「まあだだよ」「もういいかい」「まあだだよ」「もういいかい」「もういいよ」
>
> (ア)のように，「もういいかい」「まあだだよ」の色を変えることで，呼びかけとこたえを視覚化する。

子どもの学習	指導者の活動	評価
	●(ア)と(イ)はどのように感じが違うか，感じの違いも聞く。	思考・判断・表現①（観察）
○クラスで二つに分かれて分担して歌う。	●歌に合わせて板書(ア)を指し示す。	

歌唱 かくれんぼ　57

子どもの学習	指導者の活動	評 価
再経験 呼びかけとこたえを意識してイメージが伝わるように《かくれんぼ》を歌う		
○「もういいかい」「まあだだよ」の呼びかけとこたえについて，グループで歌い方を工夫する。	●呼びかけとこたえを意識できるように，グループの中で，鬼の役とかくれる役に分けて歌うようにする。	★主体的に学習に取り組む態度③（観察） ★思考・判断・表現②（観察）
	●様々な歌い方の工夫ができるように，立ってグループごとに円にならせる。机や椅子を取り払い広い活動場所を設ける。	
	●子どもたちから出てきたよい工夫（例えば，身振り手振りや声の強弱など）は，全体の場で取り上げ紹介する。 （歌い方の工夫例） ・鬼の役とかくれる役が向かい合い，お互いの顔を見て相手を意識しながら歌う。 ・「もういいかい」を呼びかけるように歌い，「まあだだよ」はささやくように歌う。 ・「もういいかい」の声がよく届くように，相手の方へ身体を傾けて歌い，「まあだだよ」は身体を小さくしてかくれるようにして歌う。 ・「もういいかい」では，耳に手をあてて相手の答えを待つような素振りをする。	
○グループごとに発表する。	●グループの発表を聴くときには，呼びかけとこたえを意識した歌い方についての工夫を見つけるように伝える。	★知識・技能①（演奏）
評 価 呼びかけとこたえについてのアセスメントシートに答える		
○呼びかけとこたえのある歌と呼びかけとこたえのない歌を聴いて，アセスメントシートに答える。	●できるだけ呼びかけとこたえがわかりやすいわらべうたを選曲する。 （例） 【呼びかけとこたえがある歌】 《はないちもんめ》《ひとやまこえて》 【呼びかけとこたえがない歌】 《お寺のおしょうさん》《おちゃらか》	★知識・技能②（アセスメントシート）

58　第3章　音楽科授業の実践

アセスメントシート

よびかけとこたえをいしきして わらべうたをうたおう

年　　組　なまえ（　　　　　　　　　　　）

■つぎの歌は「よびかけとこたえ」がありますか。「よびかけとこたえ」がない
ですか。どちらかに○をつけましょう。
また、それぞれの歌はどんな感じがするか書きましょう。

【1番の歌】（ 例 ： はないちもんめ ）

> 【見方】【1番の歌】は「呼びかけとこたえ」がある、【2番の歌】は「呼びかけとこたえ」がない、に○がつけられていたら知覚できているとみる。

　　「よびかけとこたえ」がある　　・　　「よびかけとこたえ」がない

> この歌は
> 　・おはなししているみたい
> 　・ふたりで歌っていて楽しい
> 　　　　　　　　　　　　　　感じがするよ。

【2番の歌】（ 例 ： お寺のおしょうさん ）

　　「よびかけとこたえ」がある　　・　　「よびかけとこたえ」がない

> この歌は
> 　・おはなししていないような
> 　・ひとりで遊んでいるみたいな
> 　　　　　　　　　　　　　　感じがするよ。

> 【見方】「呼びかけとこたえ」があるときとないときの感じの違いを、対比的にとらえていれば（例：1番はおはなししている感じ、2番はおはなししていない感じ）感受できているとみる。

歌唱 かくれんぼ　59

Ⅰ 低学年の授業

2 歌唱 かたつむり

1. 指導内容　共通事項　リズム（はねるリズム・はねないリズム）と曲想
　　　　　　　指導事項　表現(1)歌唱ア，イ，ウ(ア)

2. 単 元 名　「はねるリズム」と「はねないリズム」を意識して《かたつむり》を歌おう

3. 対象学年　第1学年

4. 教　　　材　《かたつむり》　文部省唱歌

5. 教材と単元について

　《かたつむり》は文部省唱歌で1学年の共通教材となっている。梅雨の時期に出会うかたつむりは，「あじさいの上にいた」，「すべり台に張り付いていた」，「殻の中に隠れていて本当に中にいるのかわからなかった！」など，子どもたちの生活経験からかたつむりの様子や気もちをイメージしやすいと考えられる。

　この単元では，この曲の特徴的な構成要素である「はねるリズム」に着目し，「はねないリズム」との比較聴取を通して，リズムがはねたりはねなかったりすることでイメージする曲の情景やかたつむりの様子などがどう変わるかを経験する。

6. 指導計画（全2時間）

ステップ	学習活動	時
経　験	●《かたつむり》を歌い，リズムに「はねるリズム」と「はねないリズム」があることに気付く。	第1時
分　析	●「はねるリズム」と「はねないリズム」を知覚・感受し，イメージを表現する工夫への手がかりを得る。	
再経験	●「はねるリズム」と「はねないリズム」を意識して，かたつむりの様子や気持ちを表現する歌い方を工夫する。	第2時
評　価	● グループごとに発表し，「はねるリズム」と「はねないリズム」についてアセスメントシートに答える。	

7. 単元目標・評価規準

評価の観点	単元目標・評価規準	具体の学習場面における評価規準
知識・技能	「はねるリズム」と「はねないリズム」について理解して，イメージが伝わるように歌唱表現できる。	①1，2段目と3段目の違いが聴き手に感じられるように歌うことができている。 ②アセスメントシートで「はねるリズム」と「はねないリズム」の用語を適切に選択している。
思考・判断・表現	「はねるリズム」と「はねないリズム」を知覚し，それが生み出す特質を感受する。	①「はねるリズム」と「はねないリズム」の違いを適切に知覚・感受している。 ②「はねるリズム」と「はねないリズム」が伝わるような歌い方や動きの表現を工夫している。
	「はねるリズム」と「はねないリズム」を意識し，イメージが伝わるように表現を工夫する。	

60　第3章　音楽科授業の実践

| 主体的に学習に取り組む態度 | 「はねるリズム」と「はねないリズム」に関心をもち，意欲的に《かたつむり》を歌う。 | ①自分の生活経験を想起して《かたつむり》を歌っている。
②「はねるリズム」と「はねないリズム」の違いをペアで話し合っている。
③グループのメンバーと協力して歌い方や動きの工夫を考えながら，意欲的に歌っている。 |

8. 展開

子どもの学習	指導者の活動	評 価
経 験　《かたつむり》を歌い，リズムに「はねるリズム」と「はねないリズム」があることに気付く		
○かたつむりをどんな場所で見たことがあるか，どんな様子だったかを思い出して，友だちに紹介する。 　例：「葉っぱの上」「すべり台の裏」「ゆっくり歩いていた」など。 ○自分の中に思い浮かんだかたつむりのイメージをもって，みんなで《かたつむり》を歌う。 　例：「雨が降ってうれしいと思っている」「友だちと競争している」など。 ○「はねないリズム」の歌を聴き，何か違うということに気づき，「のろのろしていた」等，発言する。	●子ども一人ひとりに，今までの生活で出会ったかたつむりについて思い出させる。 ●かたつむりの歌を紹介する（歌うか範唱CDで）。（歌詞を3段に分けて板書しておく。） ●子ども一人ひとり，自分の中に思い浮かんだかたつむりのイメージで歌わせる。 ●「どんなかたつむりだった？」，「かたつむり何していた？」と問いながら，情景や様子を出させ，いろいろなかたつむりのイメージで歌わせる。 ●「こんなかたつむりもいるよ」と言って，《かたつむり》を「はねないリズム」（♩♩♩）で歌って聴かせる。 ●感想を聞き，今まで歌っていたものと少し違うことを確認する。	主体的に学習に取り組む態度①（観察）
分 析　「はねるリズム」と「はねないリズム」を知覚・感受し，イメージを表現する工夫への手がかりを得る		
○「はねるリズム」と「はねないリズム」の《かたつむり》を比較聴取し，知覚・感受したことをペアで話し合う。	●《かたつむり》をA「はねるリズム」とB「はねないリズム」で歌い，比較聴取させる。子どもたちにもAとBの両方で歌わせて考えさせる。	思考・判断・表現①（観察） 主体的に学習に取り組む態度②（観察）

歌唱 かたつむり　61

子どもの学習	指導者の活動	評 価
○知覚・感受したことを発表して交流する。	●ペアで話し合ったことをクラスで発表させて交流させる。	
	●板書に「気づき」（知覚）と「感じや様子」（感受）に二分した表を書き，出た発言を分けて書く。	
○「はねるリズム」と「はねないリズム」という用語を知る。	●表の上に「はねるリズム」と「はねないリズム」の用語，音符のラベルを貼り，視覚的に捉えさせる。	
	① はねるリズム　　　② はねないリズム タン　カ　タ　カ　　タ　カ　タ　カ	
○板書のかたつむりの歌詞をみながら，「タンカタカ」で歌ってみる。	●板書の歌詞を指しながら，指導者がリードして「タンカタカ」で一緒にリズム唱をする。最後の「つのだせやりだせ」の部分は「タカタカ」で歌う。	
○「つのだせやりだせ」は「タカタカ」つまり「はねないリズム」になっていることを知る。	●「つのだせやりだせ」は「はねないリズム」であると確認し，再度歌わせる。	

再経験　「はねるリズム」と「はねないリズム」を意識して，かたつむりの様子や気持ちを表現する歌い方を工夫する。

子どもの学習	指導者の活動	評 価
○グループになって意見を出し合い，ワークシートに表現したい様子や気持ちを書く。	●3段に分けた歌詞を記載したワークシートを配布し，それぞれの段をどんな感じで歌いたいか考えさせる。考えやすいように，歌わせ，かたつむりの様子や気持ちを想像させる。	
○クラスで各段の表現意図を意識して歌ってみる。	●意見を出させ，クラスでそのようなイメージで歌ってみる。	
○様子や気持ちが伝わるような歌い方や身振りを考え，アイデアを発言する。	●イメージを表現するためにはどう歌ったらよいか歌い方の工夫を問う。表現のための身振りをつけることも促す。	
○グループに戻り，グループでの歌い方や身振りの工夫をする。	●とくに1，2段目の「はねるリズム」の部分と3段目の「はねないリズム」の部分に合う歌い方に注意させる。	★主体的に学習に取り組む態度③（観察） ★思考・判断・表現②（観察）

62　第3章　音楽科授業の実践

子どもの学習	指導者の活動	評 価
評価 グループごとに発表し，「はねるリズム」と「はねないリズム」についてアセスメントシートに答える。		
○グループごとに工夫した歌い方を発表する。	●「はねるリズム」，「はねないリズム」に合った動きと歌い方を工夫できているかという点に注目させて発表を聴かせる。	★知識・技能①（演奏）
○他のグループの発表を聴いて，様子や気持ちが伝わってきた点，アドバイスを発言する。		
○《かたつむり》の比較聴取をし，アセスメントシートに知覚・感受したことを記述する。	●《かたつむり》を「はねるリズム」と「はねないリズム」で歌って比較聴取させ，アセスメントシートに記述させる。	★知識・技能②（アセスメントシート）

アセスメントシート

♪はねるリズムとはねないリズムをいしきしてうたおう♪

年　　組　　なまえ(　　　　　　　　　　　　　　)

① 二つの《かたつむり》をきいて，どちらのリズムでうたっているか，○をつけましょう。またあそんでいるときのきもちやかんじもかきましょう！

【見方】適切に○をつけていたら知覚できているとみる。

リズム	A ・はねるリズム ・はねないリズム	B ・はねるリズム ・はねないリズム
かんじ きもち	スキップしながら集まってきているかんじ。	ゆっくり歩きながら集まってきているかんじ。

【見方】「はねるリズム」と「はねないリズム」で歌ったときの感じの違いを，対比的にとらえていれば感受できているとみる。

② 《かたつむり》をうたって，じぶんがいちばんきいてほしいところはどこでしたか。○をつけましょう。そこはどんなきもちでうたいましたか。

でんでん　　むしむし　　かたつむり

おまえの　　あたまは　　どこにある

つのだせ　　やりだせ　　あたま　だせ

歌唱 かたつむり　63

Ⅰ 低学年の授業

3 器楽 虫のこえ

1. 指導内容 共通事項　音色（楽器の音色）と曲想
　　　　　　　　指導事項　表現(2) 器楽ア，イ(イ)，ウ(イ)

2. 単 元 名 楽器の音色を意識して《虫のこえ》を演奏しよう

3. 対象学年 第2学年

4. 教　　　材 《虫のこえ》 文部省唱歌

5. 教材と単元について

　《虫のこえ》は文部省唱歌で，小学校学習指導要領において第2学年の共通教材として示されている。この曲の歌詞には，秋の夜に聞こえてくる虫たちの鳴き声が「チンチロチンチロチンチロリン」等様々な擬音語を用いて描かれており，それがこの曲の面白いところである。そして，擬音語は楽器の音色と関連づけやすいことから，楽器の音色の学習と関連づけやすい教材である。

　ここでは，その虫たちの鳴き声に合う音色の楽器を探し，その楽器で擬音語の箇所を表現する器楽の学習活動をとおして，様々な楽器の音色のよさや面白さに気付き，楽器の音色を生かして自分たちのもったイメージを表すことができるようにしたい。

6. 指導計画（全2時間）

ステップ	学習活動	時
経　験	●《虫のこえ》を歌い，擬音語による虫の声を楽しむ。	第1時
	●それぞれの虫の声に合う楽器を探しながら，楽器それぞれに固有の音色があることに気付く。	
分　析	●それぞれの楽器の音色を知覚・感受し，イメージを表現する工夫への手がかりを得る。	
再経験	●《虫のこえ》を歌い，イメージが伝わるように虫の鳴き声を，楽器を用いて表す。	第2時
評　価	●グループごとに発表し，楽器の音色についてのアセスメントシートに答える。	

7. 単元目標・評価規準

評価の観点	単元目標・評価規準	具体の学習場面における評価規準
知識・技能	楽器の音色について理解し，イメージが伝わるように楽器を用いて虫の鳴き声を演奏表現できる。	①虫が鳴いている様子を，音色を意識して表すことができている。 ②アセスメントシートに用語（音色）についての理解を示している。
思考・判断・表現	楽器の音色を知覚し，それが生み出す特質を感受する。	①それぞれの楽器の音色を聴き分け，それぞれが生み出す感じについて言葉にしている。 ②楽器の音色を生かし，イメージが伝わるように鳴らし方を試している。
	楽器の音色を意識し，イメージが伝わるように鳴らし方を工夫する。	
主体的に学習に取り組む態度	楽器の音色に関心をもち，意欲的に虫の鳴き声を演奏表現する。	①楽器を鳴らすとき，音色に注目して鳴らし，楽器を選ぶとき，音色を聴きながら選んでいる。 ②何か意図をもって楽器を鳴らそうとしている。

64　第3章　音楽科授業の実践

8. 展開

子どもの学習	指導者の活動	評 価
経験 《虫のこえ》を歌い，擬音語による虫の声を楽しむ それぞれの虫の声に合う楽器を探しながら，楽器それぞれに固有の音色があることに気付く		
○《虫のこえ》を歌う。	●範唱したり，一緒に歌ったりする。	
○どんな虫が登場し，それぞれの虫の鳴き声が擬音語でどのように表されているのかを確認する。	●虫の鳴き声がどのような擬音語を用いて表されているか意識できるように，声かけする。(本物やCDなどで，まつ虫，すず虫，こおろぎ，くつわ虫，うまおいの鳴き声を実際に聴くことができればなおよい。)	
○歌詞の擬音語から，それぞれの虫の鳴き声はどの楽器で表せるかを考える。考えるとき，楽器を自由に鳴らし，それぞれの楽器の音色を知る。	●楽器を準備する。(すず・カスタネット・トライアングル・タンバリンなど) ●それぞれの楽器がどんな音色なのか意識できるように，声かけをする。適宜，楽器の名前を口にする。	主体的に学習に取り組む態度①(観察)
分析 それぞれの楽器の音色を知覚・感受し，イメージを表現する工夫への手がかりを得る		
○まず1番のまつ虫とすず虫の鳴き声を楽器で歌の擬音語の箇所に入れてみる。	●歌の中でリズムに合わせて演奏できるように，擬音語を歌いながら楽器を演奏させる。(リレーで一人ひとり演奏させたり，クラス半分ずつで演奏させたりする。)	
○音当てクイズで楽器の音色に注意を向け，何の楽器か識別し，どんな風に鳴いているように聞こえるかイメージも発言する。 　例：まつ虫のところ，すずだとたくさんのまつ虫がにぎやかにおしゃべりしているみたいだけど，トライアングルだと声を響かせて歌をうたっているみたい。	●演奏に慣れてきたら，何人かに演奏してもらい，音当てクイズをする。演奏者には隠れて鳴らさせる。 ●聴いている側に楽器の音色に注意を向けさせ，知覚・感受できるようにする。 ●必要に応じて，選んだ楽器の音色を比較聴取させたり，同じ楽器でも鳴らし方によって表せるイメージがどう変わるか問うたりすることで，イメージを表現する工夫への手がかりを得させる。 ●それぞれの楽器を鳴らして音色を聴かせ，適宜音色を擬音語にして口にし，「音色」という用語を知らせる。 　例：「(楽器を鳴らす)これも音色，(楽器を鳴らす)これも音色，(楽器を鳴らす)これも音色です。これとこれは音色が違いますね。カタカタいうのはカスタネットの音色，リンリンいうのはすずの音色ですね。」	思考・判断・表現①(発言)
○5人グループになって相談しながら，それぞれどの虫の鳴き声をどの楽器で表すのか，どんな気持ちで鳴いているようにしたいのかを，ワークシートに記入する。	●ワークシートと楽器を配る。実物の楽器を見ながら，教科書の楽器の写真を参考にして，みんなで楽器名を確認する。表現したい気持ちは，吹き出しに書かせる。	

器楽 虫のこえ　65

	子どもの学習	指導者の活動	評 価
再経験	《虫のこえ》を歌い，イメージが伝わるように虫の鳴き声を，楽器を用いて表す		
	○グループで，気持ちを表すにはどう楽器を鳴らしたらよいのかを考えながら，虫の鳴き声の部分は楽器の音に置き換えてうまくつながるように練習する。 ○自分はどう楽器を鳴らすのか，考えた工夫をワークシート（吹き出し下の問い）に記入する。	●「すず虫はどんな気持ちで鳴いているのかな？」，「まつ虫はなんて言っているのかな？」などと問うことで虫の気持ちを想像させ，それを楽器の鳴らし方を工夫して表すようにさせる。 ●子どもたちから出てきたよい工夫（例えば，強弱など）は，適宜，全体の場で取り上げて紹介する。	★思考・判断・表現②（発言・ワークシート） ★主体的に学習に取り組む態度②（ワークシート）
評 価	グループごとに発表し，楽器の音色についてのアセスメントシートに答える		
	○グループごとに鳴き声の部分を楽器の音色に置き換えたものを発表する。 ○楽器の音色についてのアセスメントシートに答える。	●どの虫の鳴き声をどのように表すのかを言ってから演奏を発表させる。 ●他のグループ演奏を聴いて，いちばん虫が鳴いている様子が伝わってきたと思った演奏における楽器の音色についてアセスメントシートに記入させる。	★知識・技能①（演奏） ★知識・技能②（アセスメントシート）

資 料

【ワークシート】

■あなたのグループではどの虫のなきごえを，どの楽器であらわしますか。

まつ虫（A児）	すず虫（B児）	こおろぎ（C児）	くつわ虫（D児）	うまおい（E児）
トライアングル	すず	タンバリン	カスタネット	トライアングル

■あなたがならすのはどの虫のこえですか。どんなきもちでならしたいですか。

虫の名前　　くつわ虫

虫はどんな気もちかな？　なんて言っているかな？
・わたしがいちばんいいこえだわ。

どんなふうにならしたら，そんなふうにきこえるかな？
・いばっているみたいにガチャガチャとしっかりならす。

アセスメントシート

ともだちのえんそうをふりかえりましょう

■いちばん虫がないているようすがつたわってきたのはどのグループのえんそうですか。

(A)グループ

■そのなかで，いちばん気に入ったなきごえはどれですか。

気に入ったなきごえは

虫の名前
まつ虫

のなきごえです。

どの楽器
トライアングル

を

どのように
小さい音でゆっくり

えんそうしていて，

虫のようすや気もち
こっそりと ないしょばなしをしているようす

がつたわってきました。

器楽 虫のこえ 67

Ⅰ 低学年の授業

4 音楽づくり 売り声

1. 指導内容　共通事項　言葉の抑揚と曲想
　　　　　　　　指導事項　表現（3）音楽づくりア（ア），イ（ア），ウ（ア）

2. 単 元 名　言葉の抑揚を意識して《売り声》をつくろう

3. 対象学年　第1学年

4. 教　　材　売り声づくりの活動

5. 教材と単元について

　売り声は，物売りが路上で移動しながら，売り物の名称を何度も繰り返す中で生まれた独特の歌である。江戸時代から盛んになり，昭和初期でそのほとんどが途絶えてしまったが，《焼き芋屋》《竿竹売り》等の売り声は今も人々の生活に根づいている。売り声は，売っているもののイメージが聴いている人に伝わるように，物売りがせりふ（言葉）を工夫し，そのせりふに抑揚をつけ，売り声に仕上げている。それは日本の伝統音楽のふしや語りの素朴な形とみることができる。子どもたちが売り物を売り歩きながらせりふを唱え遊ぶ中で，売り声の発想を得，日本のふし回しを感じることができることから，言葉の抑揚を学ぶのに適した教材といえる。この単元では，日常の生活の中にある日本のふし回しを経験させたい。

6. 指導計画（全3時間）

ステップ	学習活動	時
経　験	◉売り声を聴きながら模倣して歌い，そこに言葉の抑揚があることに気付く。 ◉売り物を作って売り子になり，売り声を歌いながら売り物を売る。	第1時
分　析	◉言葉の抑揚を知覚・感受し，イメージを表現する工夫への手がかりを得る。	第2時
再経験	◉言葉の抑揚を意識してイメージが伝わるように，売り声をつくって表現する。	
評　価	◉つくった売り声を発表し，言葉の抑揚についてのアセスメントシートに答える。	第3時

7. 単元目標・評価規準

評価の観点	単元目標・評価規準	具体の学習場面における評価規準
知識・技能	言葉の抑揚について理解して，イメージが伝わるように音楽をつくって表現できる。	①言葉の抑揚を意識して，自分たちの表したい売り声を表現している。 ②アセスメントシートに用語（言葉の抑揚）についての理解を示している。
思考・判断・表現	言葉の抑揚を知覚し，それが生み出す特質を感受する。	①言葉の抑揚がある売り声と，ない売り声の違いを聴き分けて，言葉の抑揚があるときの特質を感じ取っている。
	言葉の抑揚を意識し，イメージが伝わるように表現を工夫する。	②言葉の抑揚を意識して，せりふや声の音色などを工夫している。
主体的に学習に取り組む態度	言葉の抑揚に関心をもち，意欲的に自分たちの売り声をつくる。	①売り声を歌いながら売り物を売る遊びを楽しんでいる。 ②言葉の抑揚のある売り声と，ない売り声の違いに注目して売り声を聴いている。 ③言葉の抑揚を意識して，意欲的に自分たちの売り声をつくっている。

68　第3章　音楽科授業の実践

8. 展開

子どもの学習	指導者の活動	評価
経験 売り声を聴きながら模倣して歌い，そこに言葉の抑揚があることに気付く 売り物を作って売り子になり，売り声を歌いながら品物を売る		
○売り声を歌い，気付いたことや感じたことを発言する。	●指導者は売り声《焼き芋屋》《竿竹売り》《金魚屋》等をCDで聴かせたり，一緒に歌わせたりして，気付いたこと，感じたことを発言させる。指導者も一緒に歌いながら，言葉の抑揚がわかりやすいところは手を大きく上下して示す。	主体的に学習に取り組む態度① （観察）
○昔は，生活の中に色々な売り声があったことを知る。	●昔の人は売り声を歌いながら物を売る人が多かったことを伝え，物売りの写真や絵を見せる。	
○グループで売りたい物を決め，売り物をつくる。	●4人グループにさせる。	
○「売り子」と「お客さん」に分かれ，「売り子」は歌いながら練り歩き，「お客さん」に売り物をアピールする。	●「売り子」に売り物をボードに乗せて「お客さん」の間を練り歩かせながら，自由に売り物をアピールさせる。 ●売り声を工夫しているグループを紹介する。 ●「売り子」と「お客さん」の役割を交代させる。	
分析 言葉の抑揚を知覚・感受し，イメージを表現する工夫への手がかりを得る		
○言葉の抑揚のある売り声，ない売り声を聴き，どんな感じがするか，気付いたこと，考えたことを発言する。	●子どもが言葉の抑揚を意識できるように，言葉の抑揚が明確についているグループの作品を取り上げ，以下の二つの売り声を比較聴取する場をもつ（指導者が二つの売り声を示す）。 （ア）言葉の抑揚をつけて歌う （イ）言葉の抑揚をつけずに歌う ●子どもが言葉の抑揚の違いに気付いたら，子どもに（ア）と（イ）の売り声を模唱させる。	主体的に学習に取り組む態度② （観察） 思考・判断・表現① （観察）
○売り声には言葉の抑揚があることを知る。	●（ア）と（イ）の言葉の抑揚を線で表したものを板書し視覚化する。【板書】	

【板書　例】

（ア）　　おおまんじゅうー　くりまんじゅう　　　　（イ）　＿＿＿＿＿＿＿　＿＿＿＿＿＿
　　　　　　　　　　　　　　　　　　　　　　　　　　　　　おおまんじゅうー　くりまんじゅう

子どもの学習	指導者の活動	評価
○気付いたことを発言する。	●言葉の抑揚に合わせて手の動きをつけながら（ア）と（イ）の売り声を模唱させ，身体を使って言葉の抑揚を実感させる。 ●（ア）と（イ）はどのように感じがちがうか，感じの違いも聞く。	

音楽づくり　売り声　69

子どもの学習	指導者の活動	評 価
再経験 言葉の抑揚を意識してイメージが伝わるように，売り声をつくって表現する。		
○言葉の抑揚を意識して，せりふや声の音色などを工夫する。	●売り声は，売り物のイメージがお客さんに伝わるように工夫されていることを伝え，自分たちの売り物についてどんなことをお客さんに伝えたいのかを考えさせる。	★主体的に学習に取り組む態度③（観察） ★思考・判断・表現②（観察,ホワイトボード,あるいはワークシート）
	●様々な歌い方の工夫ができるように，グループごとに円になって立たせる。必要に応じて，売り物をボードに乗せ，練り歩かせる。机や椅子を取り払い広い活動場所を設ける。	
	●子どもたちから出てきたよい工夫(例えば言葉のアクセント，言葉の伸縮など)は，随時取り上げ紹介する。	
○つくった売り声をホワイトボード(あるいはワークシート)に書く。	●グループにホワイトボードを1枚配り，売り物名，売り声のせりふ，売り声を線で表したもの，工夫したことを記入させる。	
評 価 つくった売り声を発表し，言葉の抑揚についてのアセスメントシートに答える。		
○つくった売り声を発表する。	●自分たちの売り物について伝えたいことは何か，そのためにどのような工夫をしたのかを説明させる。	★知識・技能①（演奏）
	●「経験」と同じような状況設定の中で発表させる。	
○売り声を聴いて，アセスメントシートに答える。	●せりふが聴き取りやすく，言葉の抑揚が分かりやすい売り声を選曲し，抑揚のある売り声と，ない売り声を聴かせる。 (例)《はしご屋》	★知識・技能②（アセスメントシート）

資料

【ホワイトボード 例】

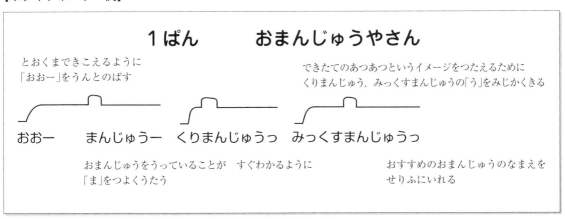

アセスメントシート

ことばのよくように きをつけて うりごえをつくろう

年　くみ　なまえ（　　　　　　　）

♪いまから　2つのうりごえ《はしご》を　ききます。
　「ことばのよくよう」があるのは　どちらですか。○をつけましょう。
　また，それぞれのうりごえは　どんなかんじがするか　書きましょう。

【見方】1番は「ことばのよくよう」がある，2番は「ことばのよくよう」がない に○がつけられていたら知覚できているとみる。

1ばん　「ことばのよくよう」がある　・　「ことばのよくよう」がない

例）ながいはしごを　たかいところに　かける

はしごをどんどんのぼっていく　　　かんじがするよ。

【見方】「言葉の抑揚」がある時とない時の感じの違いを対比的（例：1番はのぼっていく感じ，2番はのぼれない感じ）に捉えていれば質を感受できているとみる。

2ばん　「ことばのよくよう」がある　・　「ことばのよくよう」がない

例）みじかいはしごが　とどかず　たおれる

はしごがゆれてのぼれない　　　かんじがするよ。

Ⅰ 低学年の授業

5 鑑賞 卵のからをつけたひなの踊り(展覧会の絵 より)

1. 指導内容 共通事項 反復と変化と曲想
指導事項 鑑賞(1) ア，イ

2. 単元名 反復と変化を意識して〈卵のからをつけたひなの踊り〉を味わおう

3. 対象学年 第2学年

4. 教　材 《展覧会の絵》より〈卵のからをつけたひなの踊り〉 モデスト・ムソルグスキー作曲

5. 教材と単元について

　この曲は，ムソルグスキーが友人の遺作展に足を運び，10枚の絵からインスピレーションを受けて作曲した，組曲《展覧会の絵》の中の一曲である。ABAという3つの部分からなる三部形式をもち，AとBにおいて曲想が大きく変わる。Aの部分は木管楽器によって八分音符のスタッカートで演奏され，コミカルな印象をもつ。一方，Bの部分は弦楽器によって二分音符のトリルで演奏され，伸びやかな印象をもつ。AからBへは対照的に変化し，再度Aが反復されて登場する。この変化について，腕の動きや図を使って可視化することで「反復と変化」という構成をとらえさせる。また「ひなの踊り」というタイトルから子どもがイメージやストーリーをもちやすい作品といえることから，ストーリー性を意識させて楽曲全体を捉えさせる。

　AからBへと変化し，またAにもどってくるという音楽の構成に即して自分の感受が変わることを経験させたい。

6. 指導計画(全2時間)

ステップ	学習活動	時
経　験	●〈卵のからをつけたひなの踊り〉を聴いて身体を動かし，途中で曲の感じが変化していることに気付く。	第1時
分　析	●反復と変化を知覚・感受し，鑑賞への手がかりを得る。	第2時
再経験	●反復と変化を意識して鑑賞し，批評文を書く。	
評　価	●反復と変化についてアセスメントシートに答える。	

7. 単元目標・評価規準

評価の観点	単元目標・評価規準	具体の学習場面における評価規準
知識・技能	反復と変化について理解して楽曲全体を味わい，その味わいを人に伝えることができる。	①批評文において，反復と変化についての理解を基に楽曲全体の味わいを人に伝えている。 ②アセスメントシートに用語(反復と変化)についての理解を示している。
思考・判断・表現	反復と変化を知覚し，それが生み出す特質を感受し，楽曲全体の味わいにつなげる。	①反復と変化についての知覚と感受を適切に発言したり，対応して体を動かしたりしている。 ②反復と変化の知覚・感受を手がかりに，楽曲全体を見通して批評文を書いている。
主体的に学習に取り組む態度	反復と変化に関心をもち，意欲的に聴く。	①A→B→Aという変化に注意を向けて聴いている。 ②反復と変化を意識して意欲的に体を動かしている。

72　第3章　音楽科授業の実践

8. 展開

子どもの学習	指導者の活動	評価
経験 〈卵のからをつけたひなの踊り〉を聴いて身体を動かし，途中で曲の感じが変化していることに気付く		
○〈卵のからをつけたひなの踊り〉を全曲通して聴く。	●「今から聴く曲は〈卵のからをつけたひなの踊り〉という題名です。どんな感じの音楽かな？」と問いを出し，全曲通して聴かせる。	
○楽曲全体についてどんな感じがしたか交流し，自分のイメージを広げる。「ひながこちょこちょ動いている」	●子どもの意見を板書する。	
○曲の感じに合わせて腕を動かす。	●「腕のみ動かす」ことを伝える。	
○曲の感じに合わせて行った動きについて交流する。	●Bの部分で動きを変えている子どもがいれば取り上げる。	
	●「なぜ動きを変えたのか」問う。	
	●全員で動きを模倣する。	
○「途中で変化する」ことを意識しながら，もう一度全曲通して自分で腕を動かす。	●模倣したことをふまえて，もう一度確認する意味で，自分で考えて腕を動かすよう伝える。	主体的に学習に取り組む態度①（観察）
	●全曲通して聴かせる。	
分析 反復と変化を知覚・感受し，鑑賞への手がかりを得る		
○腕を動かしてみて，気づいたことを交流する。「途中で違う音楽が入ってた」「また最初の音楽に戻った」	●子どもの発言を取り入れながら，この曲は3つの部分から成り立っていることを確認する。 A B A というカードを黒板に貼って視覚的に確認をする。	
○「ＡＢ」で終わったときと「ＡＢＡ」の最後まであるときとでは，どう感じが変わるかを交流する。	●「ＡＢ」で曲を止めて聴かせる。続けて全曲聴かせる。 ●イメージをもちやすいよう，腕を動かしながら聴くよう伝える。	思考・判断・表現①（観察）
○「反復と変化」という用語について知る。	●「このAからBに音楽が変わることを『変化』，そしてまたAが戻ってくることを『反復』といいます」と説明し，「反復と変化」という用語を教える。	
○ＡＢＡの変化に合わせて身体反応をし，反復と変化について再確認する。	●身体反応を通して，「反復と変化」を共有する。 Ａ－手拍子，Ｂ－横揺れ	

鑑賞《展覧会の絵》より〈卵のからをつけたひなの踊り〉 73

子どもの学習	指導者の活動	評価
再経験　反復と変化を意識して鑑賞し，批評文を書く		
○二人組になって自由に体を動かしながら，全曲を鑑賞する。	●身体表現しながら全曲を鑑賞させる。	★主体的に学習に取り組む態度②（観察）
○今度は動かずに全曲通してじっくり聴く。	●全曲通して聴かせる。	
○反復と変化をふまえて批評文を書く。	●動いてみてイメージしたことをもとに，批評文（紹介文）を書かせる。	★知識・技能①（アセスメントシート問1） ★思考・判断・表現②（アセスメントシート問1）
評価　反復と変化についてアセスメントシートに答える		
○批評文を交流する。	●何人かに発表させ必要に応じてCDをかける。	
○アセスメントシート問2に答える。	●アセスメントシート問2に対して，変化のみ（AB形式）の曲《うみ》と，反復と変化（ABA形式）の曲《ぶんぶんぶん》を聴かせる。できれば歌詞無しのもの。	★知識・技能②（アセスメントシート問2）

74　第3章　音楽科授業の実践

アセスメントシート

「はんぷくとへんか」をいしきして　あじわおう

年　　組　　なまえ（　　　　　　　　）

1. 〈卵のからをつけたひなの踊り〉は「はんぷくとへんか」のある おんがくです。どんな曲か，おうちの人にしょうかいする文を書きましょう。

〈卵のからをつけたひなの踊り〉という曲は「はんぷくとへんか」でできています。

はじめのAの部分は，ひなが卵のからから出てこようとからの中でバタバタして

いるかんじがします。

そしてBでおんがくがへんかします。そこでは，ひよこがからから出てきたけど，

ふしぎそうにして，あたりをみまわしているようです。

そしてまたさいしょとおなじAがもどってきます。そこでは，ひよこがからから

出て走りまわって，さいごはカベにぶつかっておわるかんじがします。

2. 次の曲のうち，「はんぷくとへんか」があるほうに○をつけましょう。またそう思った理由も書きましょう。

（　　　　）1曲目　・　（　　　　）2曲目

なぜ（　　　　）曲目に「はんぷくとへんか」があると思ったかというと，
Bがおわったあとに，またさいしょとおなじ音楽がでてきたから。

鑑賞《展覧会の絵》より〈卵のからをつけたひなの踊り〉　75

Ⅱ 中学年の授業

1 歌唱 とんび

1. 指導内容 共通事項　旋律（旋律の動き）と曲想
　　　　　　　指導事項　表現(1)　歌唱ア，イ，ウ(イ)

2. 単 元 名 旋律の動きを意識して《とんび》を歌おう

3. 対象学年 第4学年

4. 教　　　材 《とんび》　葛原しげる作詞／梁田貞作曲

5. 教材と単元について

　とんびが鳴きながら優雅に空を飛ぶ様子がゆるやかな旋律線で描かれている。とんびが飛んでいる様子を思いうかべて歌わせながら，旋律線について気付かせることができる。さらに旋律の上行・下行に気付くことから，強弱表現の工夫もできる。3段目の鳴き声を表した部分は繰り返しがあり，思いうかべるとんびの様子によって表現の仕方が違ってくる。

　この単元では，旋律の動きが変化することで曲から受ける感じも変化することを経験させ，自分の受けた感じを表現するための工夫を探らせたい。

6. 指導計画(全3時間)

ステップ	学習活動	時
経　験	●《とんび》を歌って旋律の動きによる曲想の変化に気付く。	第1時
分　析	●旋律の動きを知覚・感受し，イメージを表現する工夫への手がかりを得る。	第2時
再経験	●旋律の動きを意識して，イメージが伝わるように表現を工夫して《とんび》を歌う。	第3時
評　価	●旋律の動きについてのアセスメントシートに答える。	

7. 単元目標・評価規準

評価の観点	単元目標・評価規準	具体の学習場面における評価規準
知識・技能	旋律の動きについて理解し，イメージが伝わるように歌唱表現できる。	①とんびの様子が伝わるように，強弱など表現を工夫して歌っている。 ②アセスメントシートに用語（旋律）についての理解を示している。
思考・判断・表現	旋律の動きについて知覚し，それが生み出す特質を感受する。	①3段目の旋律の動きを知覚し，動きの違いによって変わるその特質を感じ取っている。
	旋律の動きを意識し，イメージが伝わるように表現を工夫する。	②思い浮かべるとんびの様子を表現しようと工夫している。
主体的に学習に取り組む態度	旋律の動きに関心をもち，意欲的に《とんび》を歌う。	①いろいろな旋律の動き方があることに気付いている。 ②とんびの様子が伝わるように，表現を工夫して歌っている。

8. 展開

子どもの学習	指導者の活動	評 価
経 験　《とんび》を歌って旋律の動きによる曲想の変化に気付く		
○歌詞を読み，《とんび》について知っていることを出し合う。	●《とんび》の写真を黒板に貼り，子どもの発言に対応してCDで鳴き声を聞かせる（あれば動きのある映像を見せる）。	思考・判断・表現① （観察）
○範唱を聴いたり，ワークシートの楽譜を見たりして《とんび》を歌う。	●歌詞で歌った後，階名唱もさせて旋律をつかませる。	
○曲想が変わるところを考えながら歌い，ワークシートの楽譜の変わったと思うところを○で囲む。	●曲の途中で曲想が大きく変わることを伝える。	
○拡大楽譜を○で囲み，曲想が変わったと思うところをクラスで確認する。	●拡大楽譜を黒板に貼り，3段目で曲想が変わることを確認させる。	
○どんな感じに変わったと思ったのかを発表する。	●曲の感じがどう変わったのかを問う。 ●発言を板書する。	
○再度歌う。	●曲想の変化を意識して歌わせる。	
分 析　旋律の動きを知覚・感受し，イメージを表現する工夫への手がかりを得る		
○グループになり，どうして3段目で変わった感じがするのかを話し合う。	●ワークシートを持ち寄り，グループで交流させる。旋律の動きに合わせて手を上下に動かすなど，歌ってみて考えるよう促す。	主体的に学習に取り組む態度①（発言） 思考・判断・表現①
○話し合ったことを発表する。	●各グループの意見を板書し，曲想と旋律の動きが関係していることに気づかせる。	
○楽譜ワークシートの音符を線でつないで，旋律の動きを確かめる。	●旋律の動きと曲想との関係を視覚的にも確認させる。	（ワークシート）
再経験　旋律の動きを意識して，イメージが伝わるように表現を工夫して《とんび》を歌う		
○3段目のとんびの鳴き声の歌い方についてグループで話し合い，練習する。	●とんびが鳴いている様子とその様子を表現するための歌い方をワークシートに記入させる。	★主体的に学習に取り組む態度②（観察） ★思考・判断・表現②（ワークシート）
○グループごとに歌って発表する。	●表現したいとんびの様子について説明させてから歌わせる。	★知識・技能①（演奏）
○各グループの歌を聴いて，伝わってきたことを発表する。	●聴いている子どもには，とんびのどのような様子が伝わってきたか，それにはどのような工夫があったからかが発表できるようにすることを伝える。	
評 価　旋律の動きについてのアセスメントシートに答える		
○旋律の動きについて，アセスメントシートに答える。	●適宜，範唱CDをかけたり，みんなで歌ったりする。既習曲《エーデルワイス》を使う。	★知識・技能②（アセスメントシート）

歌唱 とんび　77

資料

【ワークシート】

《とんび》を歌おう

年　　組　　名前（　　　　　　　）

■曲の感じがかわる段を○でかこみましょう。

■○でかこんだところは、どんな感じにかわっていますか。

> にぎやかな感じ
> 楽しそうな感じ

■そこはほかの段と何がちがっていますか。

> 短いせんりつがくりかえされている。
> リズムが変わっている。
> 音が上がったり下がったりはげしく動いている。

■「ピンヨロー」の歌い方をくふうしよう。

	ピンヨロー	ピンヨロー	ピンヨロー	ピンヨロー
とんびの様子	近くで鳴きながら飛んでいる。		遠くで鳴きながら飛んでいる。	
歌い方	ヨに向かって強く　はっきりと	少し強く	少し弱く　なめらかに	とても弱く

アセスメントシート

せんりつの動きをくらべよう

年　　組　　名前(　　　　　　　)

■《エーデルワイス》の歌のせんりつの動きは，どうなっているでしょう。
　楽譜の下に，おおよその形を線でえがいてみましょう。

■4つの段のうち，せんりつの動きがほかの段とちがう段を○でかこみましょう。

■○をつけたところはどんな感じがしますか。または，どんなけしきが思いうかびますか。

明るい感じ。もりあがる感じ。はげしい感じ。
けわしい山がつらなっている。
花がたくさんさいている。

【見方】他の段に比べて，旋律が細かく動き，後半は山のような線を描いていることから受ける感じや様子が書けている。旋律の動きの違いによって生み出された特質が感受できていると見る。

EDELWEISS
Richard Rodgers / Oscar Hammerstein II
© Williamson Music Company
The rights for Japan licensed to Sony Music Publishing (Japan) Inc.

Ⅱ 中学年の授業

2 歌唱 十五夜さんのもちつき

1. 指導内容 共通事項　音の重なり（オスティナート）と曲想
　　　　　　　指導事項　表現(1)　歌唱ア，イ，ウ(ウ)

2. 単 元 名 音の重なりを意識して《十五夜さんのもちつき》を歌おう

3. 対象学年 第3学年

4. 教　　材 《十五夜さんのもちつき》　わらべうた

5. 教材と単元について

　《十五夜さんのもちつき》はもちつきの様子を表わしたわらべうたであり，子どもたちの間で伝承されてきた。「とってった」や「おっこねて」というもちつきの情景を描いた言葉がリズミカルに唱えられ，それにのってもちつきのつき手と返し手がペアになり，各々の動作を調子よく合わせていくおもしろさがある。そして，これらの「とってった」や「おっこねて」の言葉の音（おん）や抑揚やリズムが生み出す独特の動きは，一種のリズムパターンとしてとらえることができる。

　今回は，このリズムパターンをオスティナートとしてうたに重ねる。オスティナートとは短い旋律やリズムのパターンを何度も執拗に反復することである。うたにオスティナートを重ねるとまた新しいリズムの動きが生み出されることを経験させたい。

6. 指導計画(全3時間)

ステップ	学習活動	時
経　　験	◎《十五夜さんのもちつき》を歌って遊び，オスティナートの重なりに気付く。	第1時
分　　析	◎オスティナートの重なりを知覚・感受し，イメージを表現する工夫への手がかりを得る。	第2時
再経験	◎オスティナートの重なりを意識してイメージが伝わるように《十五夜さんのもちつき》を歌う。	第3時
評　　価	◎オスティナートの重なりについてのアセスメントシートに答える。	

7. 単元目標・評価規準

評価の観点	単元目標・評価規準	具体の学習場面における評価規準
知識・技能	オスティナートの重なりについて理解して，イメージが伝わるように歌唱表現できる。	①うたが拍にのって歌えている。 ②うたとオスティナートが互いの拍を合わせ，言葉の言い方や速度など工夫したことがわかるように，歌っている。 ③アセスメントシートに用語（オスティナート）についての理解を示している。
思考・判断・表現	オスティナートの重なりを知覚し，それが生み出す特質を感受する。	①オスティナートが重なるときと重ならないときの違いを聴き分けて，オスティナートが重なると感じがどう変化するか言うことができる。 ②オスティナートが重なったときに，どんな感じになったかイメージをもち，そのイメージが伝わるように表現を工夫している。
	オスティナートの重なりを意識し，イメージが伝わるように表現を工夫する。	
主体的に学習に取り組む態度	オスティナートの重なりに関心をもち，意欲的に歌う。	①オスティナートを重ねて楽しく歌っている。 ②オスティナートの重なりがあるときないときの違いに注目して指導者のうたを聴いている。

80　第3章　音楽科授業の実践

8. 展開

子どもの学習	指導者の活動	評 価
経 験　《十五夜さんのもちつき》を歌って遊び，オスティナートの重なりに気付く		
○2人1組で《十五夜さんのもちつき》で遊ぶ。	●指導者は拍をたたき，拍に合わせて遊べるようにさせる。	
○《十五夜さんのもちつき》を歌う。	●拍をたたき，拍にのって歌えるようにさせる。	知識・技能①（演奏）
○《十五夜さんのもちつき》を歌いながら，そこに何か（オスティナート）が重なったことに気付く。	●子どもたちがうたを歌えるようになったら，指導者が「とーんとーんとってった」（オスティナート）を繰り返して，子どもたちのうたに重ねて歌う。	
○指導者のオスティナートにうたを重ねて歌ってみる。	●指導者は「とーんとーんとってった」のオスティナートを歌い，子どもたちにうたを歌わせる。	主体的に学習に取り組む態度①（観察）
分 析　オスティナートの重なりを知覚・感受し，イメージを表現する工夫への手がかりを得る		
○指導者が歌う（ア）と（イ）の《十五夜さんのもちつき》を比較聴取し，その違いについて発言する。 （子どもの姿の例） 「（ア）はうただけだから，一人でおもちをついているみたい。（イ）はうたと，とーんとーんとってったを一緒に歌っているから，大勢でにぎやかにおもちをついているみたい。」	●オスティナートが重なっていない《十五夜さんのもちつき》（ア）と，重なっている《十五夜さんのもちつき》（イ）を聴かせる（録音か，その場で子どもにうたを担当してもらう）。 ●（ア）と（イ）は何が違うのかと気付いたことを聞き，それによって（ア）と（イ）はどのように感じが違うかと感じ（イメージ）の違いも聞く。	思考・判断・表現①（観察） 主体的に学習に取り組む態度②（観察）
○（イ）はオスティナートが重なっているということを知る。	●次の3点を確認する。 ①（ア）はうただけであったのに対して，（イ）は何かが重なっているということ。 ②重なっているのは，「とーんとーんとってった」という言葉がくり返されたものだということ。 ③同じ言葉を何度もくり返すことをオスティナートということ。	
○2つの役に分かれて歌い，イメージを表現する工夫の手がかりを得る。 （子どもの姿の例） 「大勢でにぎやかにおもちをついているイメージを表すために，とーんとーんははっきり，とってったははずむ感じで歌う。」	●（イ）のイメージを表現するにはどのような歌い方をしたら良いか，という問いをもたせて歌わせる。 ●クラスで，うた役，オスティナート役に分かれて，オスティナートを重ねて歌わせる。 ●歌い方の工夫を発言させ，その工夫をみんなで歌って試す。	

歌唱 十五夜さんのもちつき　81

子どもの学習	指導者の活動	評 価
再経験 オスティナートの重なりを意識してイメージが伝わるように《十五夜さんのもちつき》を歌う		
○オスティナートの重なりによってもったイメージが表現できるように，グループで歌い方を工夫する。	●オスティナートの重なりを意識できるように，グループの中で，うた役，オスティナート役に分けて歌うようにさせる。歌いながら表現したいイメージ（例：大勢でにぎやかにおもちをついている感じ）をグループで共有できるようにする。 ●様々な歌い方の工夫ができるように，立ってグループごとに円にならせる。	★思考・判断・表現② （観察）
○歌い方の工夫のヒントを得る。	●子どもたちから出てきた工夫（例えば，身振り手振りや声の強弱など）は，全体の場で取り上げ紹介する。	
○グループごとに発表する。	●グループの発表を聴くときには，どのようなイメージが伝わってくるかを考えながら聴くように伝える。	★知識・技能②（演奏） ★主体的に学習に取り組む態度① （演奏）
評 価 オスティナートの重なりについてのアセスメントシートに答える		
○オスティナートの重なりのあるわらべうたと，オスティナートの重なりのないわらべうたを聴いて，アセスメントシートに答える。	●わらべうたの中からオスティナートとして重ねるリズムパターンを取り出し，うたに重ねる。 （例：《だるまさん》重ねるリズムパターン「あっぷっぷ」）	★知識・技能③ （アセスメントシート）

82　第3章　音楽科授業の実践

アセスメントシート

オスティナートの重なりをいしきして わらべうたをうたおう

年　　組　　名前（　　　　　　　　）

■今から2つのうたをききます。
　あっていると思う方に〇をつけましょう。
　また，それぞれどんな感じがするか書きましょう。

> 【見方】①は「オスティナートが重なっている」，②は「オスティナートが重なっていない」に〇がつけられていたら知覚できているとみる。

① のうた	② のうた
オスティナートが重なっている ・ オスティナートが重なっていない	オスティナートが重なっている ・ オスティナートが重なっていない
感じたこと ・だるまさんがたくさんいる ・にぎやかな	感じたこと ・だるまさんが一人で遊んでいる ・さみしい

> 【見方】
> 「オスティナートが重なっている」ときと，「オスティナートが重なっていない」ときの感じの違いを，対比的にとらえていれば感受できているとみる。

歌唱 十五夜さんのもちつき　83

Ⅱ 中学年の授業

3 器楽 たこたこあがれ

1. 指導内容
共通事項　音色(リコーダーの音色と奏法)と曲想
指導事項　表現(2) 器楽ア, イ(イ), ウ(イ)

2. 単 元 名
リコーダーの音色と奏法を意識して《たこたこあがれ》を吹こう

3. 対象学年
第3学年

4. 教　　材
《たこたこあがれ》　わらべうた

5. 教材と単元について

　凧あげは, お正月などにする子どもたちの大好きな遊びの一つである。たこ糸を引いて操作することで凧が上下しながら風に乗ってどんどん空高く上っていく様子を体験している子が多い。《たこたこあがれ》は, 2音(長2度)からなるわらべうたである。ここでは, リコーダーの導入期の教材として高い音「シ」と低い音「ラ」の2音を使う。3年生で初めてリコーダーに出会う子どもたちは, まず左手の親指と人差し指を使って二つの穴をふさぐと「シ」の音が出ることを知る。「シ」の奏法を学習したのち2音目の「ラ」の導入により, 左手の中指で穴をふさいだり, はなしたりして運指をすることで音高が変わることを学習する。また, 息の入れ具合(強く吹いたり弱く吹いたり)や, タンギングを使うことで音色が変わることを知る。この単元では, 楽器をどう扱うかで音色が変わってくるということを経験させたい。

6. 指導計画(全3時間)

ステップ	学習活動	時
経　験	◎《たこたこあがれ》を吹き, 奏法によって音色に違いがでることに気付く。	第1時
分　析	◎リコーダーの音色と奏法を知覚・感受し, イメージを表現する工夫への手がかりを得る。	
再経験	◎リコーダーの音色と奏法を意識して, イメージが伝わるように《たこたこあがれ》を吹く。	第2時
評　価	◎リコーダーの音色と奏法についてのアセスメントシートに答える。	第3時

7. 単元目標・評価規準

評価の観点	単元目標・評価規準	具体の学習場面における評価規準
知識・技能	リコーダーの音色と奏法について理解し, イメージが伝わるように演奏表現できる。	①リコーダーの音色を意識して, 息の入れ具合の調節をし, タンギングを使って吹いている。 ②アセスメントシートに用語(音色と奏法)についての理解を示している。
思考・判断・表現	リコーダーの音色について知覚し, それが生み出す特質を感受する。	①息の入れ具合や, タンギングのあるなしの違いを聴き分けて, その音色の特質について感じたことを言葉にしている。 ②リコーダーの音色と奏法を意識し, イメージが伝わるように奏法をいろいろ試している。
	リコーダーの音色と奏法を意識し, イメージが伝わるように表現を工夫する。	
主体的に学習に取り組む態度	リコーダーの音色と奏法に関心をもち, 意欲的に《たこたこあがれ》を吹く。	①リコーダーの奏法の違いによって音色が変わることに注目して教師の演奏を聴いている。 ②リコーダーの音色を意識して吹こうとしている。

84　第3章　音楽科授業の実践

8. 展開

子どもの学習	指導者の活動	評価
経験　《たこたこあがれ》を吹き，奏法によって音色に違いがでることに気付く		
○《たこたこあがれ》を歌う。	●凧あげ遊びを思い出させて楽しく歌えるようにする。	
○《たこたこあがれ》を階名で歌う。	●《たこたこあがれ》がシとラの2音から成っていることを伝え，子どもたちが暗唱するまで階名で歌う。	
○シとラの運指を知り，《たこたこあがれ》をリコーダーで吹く。	●自由に練習する時間をとる。そこで自分がよいと思う音の響きを見つけさせる。	
分析　リコーダーの音色と奏法を知覚・感受し，イメージを表現する工夫への手がかりを得る		
○指導者が吹く（ア）と（イ）の《たこたこあがれ》を比較して，奏法の違いと音色の違いに気付く。	●音色と奏法の違いに気付けるように，指導者が2つの違う奏法でリコーダーを吹き，比較聴取する場をもつ。 （ア）タンギングしないで吹く。 （イ）適切な息で，タンギングをして吹く。	主体的に学習に取り組む態度① （観察）
○（ア）と（イ）を聴いて気付いた違いを発表する。	●適宜，何度も吹いて聴かせる。 ●（ア）と（イ）はどのように感じが違うか，感じの違いも聞く。【板書】	思考・判断・表現① （観察）

板書

　（ア）の《たこたこあがれ》　　**タンギングしていない**

　　・ひょろひょろしてるみたい
　　・たこがくるくるまわってるみたい

　（イ）の《たこたこあがれ》　　**タンギングしている**

　　・たこがちゃんと空に上がってるみたい
　　・青空にたこが上がってるみたい

子どもの学習	指導者の活動	評価
○タンギングを意識して吹いてみる。	●これまでリコーダーという楽器を吹いてきた人たちが，タンギングをして出る音色・響きがリコーダーらしいと思って，タンギングを使って吹いてきたことを知らせる。	

器楽　たこたこあがれ　85

子どもの学習	指導者の活動	評　価
再経験　リコーダーの音色と奏法を意識して，イメージが伝わるように《たこたこあがれ》を吹く		
○グループ内で練習し合う。	●シとラの運指・タンギング・息の入れ具合・リコーダーの持ち方など意識しあえるように，グループを回って声をかける。 ●グループの友だちの演奏がよく見えてよく聞こえるように輪になって座らせる。 ●子どもたちの中から出てきた上手な教え方をみんなに紹介する。 (吹き方の工夫例) ・友だちが吹いているときに，階名を歌ってあげる。 ・運指がうまくいかない子の指を押してあげる。 ・タンギングができていない子には，「トゥートゥートゥトゥトゥトゥー」などと言ってあげて舌を動かすことに慣れさせる。	★主体的に学習に取り組む態度② 　　(観察) ★思考・判断・表現② 　　(観察)
○リレーで一人ずつ発表する。	●だれの音色がリコーダーらしいか，聴き合うようにする。	★知識・技能①(観察)
○リコーダーらしい音色の友だちを推薦し，もう一度吹いてもらう。		
○再度リレーで《たこたこあがれ》を吹く。		
評　価　リコーダーの音色と奏法についてのアセスメントシートに答える		
○同じ曲で教師の演奏するA(タンギングをして演奏)とB(タンギングしないで演奏)を聴いてリコーダーの音色を知覚しその特質を感受する。	●同じ曲でタンギングの有無を聴かせることで，リコーダーの音色の特質をわかりやすくしている。	★知識・技能②(アセスメントシート)

86　第3章　音楽科授業の実践

アセスメントシート

吹き方を工夫して音色を意識しリコーダーをふこう

年　　組　名前（　　　　　　　　　　）

○　　Aの演奏

　　■ どちらの奏法（ふきかた）で演奏していますか

　　　　タンギングしている　　　　タンギングしていない

　　■ Aの演奏はどんな感じでしたか

　　　　ピンとのびた
　　　　明るい
　　　　遠くまでひびいている

　　　　　　　　　　　　　　感じでした

【見方】①A の演奏の選択がタンギングしているになっていれば音色と奏法の知覚ができているとみる。②A の欄に B と違ったイメージが書けていれば特質を感受しているとみる。

○　　Bの演奏

　　■ どちらの奏法（ふきかた）で演奏していますか

　　　　タンギングしている　　　　タンギングしていない

　　■ Bの演奏はどんな感じでしたか

　　　　やわらかい
　　　　ふわふわしている
　　　　やさしい

　　　　　　　　　　　　　　感じでした

Ⅱ 中学年の授業

4 音楽づくり お囃子づくり

1. 指導内容 共通事項　リズム（リズムパターンの重なり）と曲想
指導事項　表現(3) 音楽づくりア(イ)，イ(イ)，ウ(イ)

2. 単 元 名 リズムパターンの重なりを意識してお囃子をつくろう

3. 対象学年 第4学年

4. 教　　材 お囃子づくりの活動，《阿波踊り》　徳島県民謡

5. 教材と単元について

　ここでいう「お囃子」とは祭りばやしのことである。祭りばやしとは，祭りで山車・屋台・だんじり・曳山などの上で演奏する音楽である。笛・太鼓・鉦(かね)・鼓(つづみ)などを使って演奏される(『日本音楽基本用語辞典』音楽之友社，2007，p.147)。太鼓(大太鼓，締太鼓，鼓)や笛(篠笛，能管)，鉦，三味線など，使用される楽器はそれぞれの祭りによって異なる。ここでは，太鼓や鉦で演奏されるリズムパターンが聴き取りやすい《阿波踊り》を扱う。この単元では，祭りばやしが風土・文化などとかかわって伝承されてきたことをふまえ，願いをもったお囃子づくりに取り組ませたい。

6. 指導計画(全3時間)

ステップ	学習活動	時
経　験	◎《阿波踊り》を視聴し，鉦と太鼓のリズムパターンを重ねてお囃子をつくる。	第1時
分　析	◎リズムパターンの重なりを知覚・感受し，イメージを表現する工夫への手がかりを得る。	第2時
再経験	◎リズムパターンの重なりを意識して自分たちのイメージが伝わるようにお囃子をつくる。	
評　価	◎つくったお囃子を発表し，リズムパターンの重なりについてのアセスメントシートに答える。	第3時

7. 単元目標・評価規準

評価の観点	単元目標・評価規準	具体の学習場面における評価規準
知識・技能	リズムパターンの重なりについて理解し，自分たちのイメージが伝わるようにお囃子をつくって表現できる。	①鉦のリズムパターンに他のリズムパターンを重ねて，自分たちが伝えたい願いを込めたお囃子をつくって演奏している。 ②アセスメントシートに用語(リズムパターン)についての理解を示している。
思考・判断・表現	リズムパターンの重なりについて知覚し，そこから生み出される特質を感受する。	①鉦のリズムパターンに他のリズムパターンを重ねた時の違いを聴き分け，それぞれの特質を感じ取っている。 ②リズムパターンの重なりを意識して，自分たちが伝えたい願いが表現できるようにたたき方や速度，強弱などを工夫している。
	リズムパターンの重なりを意識し，イメージが伝わるように表現を工夫する。	

88　第3章　音楽科授業の実践

主体的に学習に取り組む態度	リズムパターンの重なりに関心をもち，意欲的に自分たちのお囃子をつくる。	①《阿波踊り》の太鼓と鉦のリズムパターンの重なりに注目して聴いたり，リズムパターンをたたいたりしている。 ②鉦のリズムパターンに他のリズムパターンを重ねて自分たちが伝えたい願いを込めたお囃子を意欲的につくっている。

8. 展開

子どもの学習	指導者の活動	評 価
経験 《阿波踊り》を視聴し，鉦と太鼓のリズムパターンを重ねてお囃子をつくる		
○《阿波踊り》の映像を視聴し，お囃子に合わせて体を動かす。	●《阿波踊り》の映像を視聴させ，感想を問う。 ●祭りの音楽であることを告げ，踊ってみるように誘う。 ●指導者がリードしながら立って踊り，見よう見まねで踊ってみるよう促す。	
○《阿波踊り》のリズムパターンに注目して聴く。	●音だけを聴かせ，どんなリズムパターンが使われているか問う。 ●鉦のリズムを聴き取るようにさせる。 ●どんな感じがするかを問う。	
○聴き取ったリズムパターンをたたく。（唱歌カード） カ　カンカ　カンカ　カンカ　カンカ カンカ　カンカ　カンカ　カンカ	●唱歌(しょうが)カードを準備し「カ　カンカ　カンカ　カンカ」と口唱歌で歌わせる。 ●リズムの1つのまとまりを「リズムパターン」ということを伝える。 ●歌いながら手で机や膝などをたたかせる。 ●たたいてみた感想を問い，鉦のリズムが踊りをリードしていることを伝える。 ●「鉦の他にリズムパターンを演奏している楽器を聴いてみよう」と投げかけ，太鼓のリズムパターンを聴くようにさせる。	
○鉦のリズムパターンに他のリズムパターンを重ねてたたく。	●太鼓のリズムパターン「ドドンコ　ドン　ドン」を示し，鉦のリズムパターンと重ねてたたくよう促す。 ●重ねてたたいてみた感想を問う。	主体的に学習に取り組む態度①（観察）
○リズムパターンを重ねてお囃子をつくる。 【提示するリズムパターン】 ①　ドン　ドコ　ドン　ドン ②　ドッコ　ドン　ドン　カカ ③　ドドンコ　ドン　カカ	●リズムパターンを重ねて自分たちのお囃子をつくることを伝える。 ●鉦のリズムパターンに，提示された3つのリズムパターンのうち1つを選んで重ねるよう伝える。 ●3人グループでリズムパターンを重ねて演奏するように促す。 ●演奏してみた感想を問う。	

音楽づくり　お囃子づくり　89

	子どもの学習	指導者の活動	評価
分析	リズムパターンの重なりを知覚・感受し，イメージを表現する工夫への手がかりを得る		
	○2つのグループのリズムパターンの重なりを聴き，どんな感じがするか意見を交流する。 ア 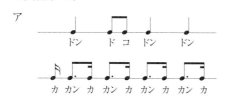 イ  ○出されたイメージを意識して演奏し，速度や強弱など，演奏の仕方で工夫したことを交流する。	●異なるリズムパターンの重なりを比較聴取させる。 ●①～③のどのリズムパターンを重ねているか聴かせ，重なり方を楽譜で提示する。 ●それぞれどんな感じがするかを問う。 ●必要に応じて指導者が鉦のリズムをたたき，それに重ねて提示されたリズムパターンをたたかせるようにする。 ●鉦のリズムパターンが同じでも重ねるリズムパターンが異なると感じが変わることに気付かせる。 ●アまたはイの感じを伝えるためには，どんなたたき方をすればよいか試してみるように伝える。 ●感じが出せているたたき方を取り上げ，演奏の仕方を発表させる。	思考・判断・表現① （発言）
再経験	リズムパターンの重なりを意識して自分たちのイメージが伝わるようにお囃子をつくる		
	○重ね方を工夫して自分たちのお囃子をつくる。	●祭りには「病気を追い払うためのもの」や「踊るためのもの」などがあることを伝え，どんな願いをこめたお囃子にしたいのかをグループで考えさせる。 ●必要に応じて①～③のリズムパターンを組み合わせてもよいことを伝える。 ●つくったお囃子に題名をつけさせる。 ●強弱や速度など工夫しているグループがあれば随時取り上げ紹介する。	★思考・判断・表現② （観察） ★主体的に学習に取り組む態度②（観察）
評価	つくったお囃子を発表し，リズムパターンの重なりについてのアセスメントシートに答える		
	○つくったお囃子を発表する。 ○発表を聴き，アセスメントシートに答える。	●リズムパターンの重なりに注目して聴かせるようにする。 ●題名を発表させ，そのためにどんな重ね方をしたのかを説明させる。 ●一番気に入ったグループの演奏についてアセスメントシートに答える。	★知識・技能①（演奏） ★知識・技能②（アセスメントシート）

アセスメントシート

♪一番気に入ったグループの演奏はどれですか？　それはどうしてですか？
リズムパターンの重ね方で気がついたことや感じたことを書きましょう。

気に入ったグループ	気に入った理由
2　　　班	はじめに,バチをカンカンと打ってから始めたのが,今から始めるという感じがしてよかった。太鼓と鉦のリズムがうまくあっていて元気な感じがでていたところがよかった。

リズムパターンの重ね方で気がついたこと	感じたこと
鉦のリズムパターンがずっとなっていて,①と③のリズムが交代交代になっていた。最後はみんなのリズムが全部重ていた。	初めは静かに始まり,だんだんリズムパターンが重なっていって,最後みんな重なったので,祭りがだんだんもりあがっていって,クライマックスになったみたいだった。

音楽づくり　お囃子づくり　91

Ⅱ 中学年の授業

5 鑑賞 象（動物の謝肉祭 より）

1. 指導内容 　共通事項 　３拍子と曲想
　　　　　　　指導事項 　鑑賞(1) ア, イ
2. 単 元 名 　３拍子を意識して〈象〉を味わおう
3. 対象学年 　第３学年
4. 教　　　材 　《動物の謝肉祭》より〈象〉 サン・サーンス作曲
5. 教材と単元について

　組曲《動物の謝肉祭》は, 低音のコントラバスの重厚な響きが主旋律を, 高い音域のピアノが３拍子の伴奏を受け持ち, 妖精の軽やかな踊りではなく, いかにも象の踊るワルツになっている。本単元では, コントラバスによる旋律や, ピアノ伴奏の１拍目の重さと２拍目, ３拍目の違いを捉え, ３拍子を意識して楽曲全体を味わうような学習を行う。イメージしたことやその根拠をグループで伝え合いながら, 楽曲全体に対する自分の味わいを身体表現や紹介文に表わすことができるようにさせたい。

6. 指導計画（全2時間）

ステップ	学習活動	時
経　　験	◎ 曲を聴いて音楽に合わせて３拍子のステップで動き, ３拍子に気付く。	第1時
分　　析	◎ ３拍子を知覚・感受し, 楽曲に対するイメージを表現する動きをつくるための手がかりを得る。	
再経験	◎ グループで３拍子のステップをもとに, イメージが伝わるように動きをつくる。	第2時
評　　価	◎ 動きを通して味わったことを基に鑑賞し, 紹介文（批評文）を書き, ３拍子についてのアセスメントシートに答える。	

7. 単元目標・評価規準

評価の観点	単元目標・評価規準	具体の学習場面における評価規準
知識・技能	３拍子について理解して楽曲全体を味わい, その味わいを根拠をもって踊りや言葉で人に伝えることができる。	①拍にのって動いている。 ②３拍子がわかり, 曲想が伝わる動きで踊ることができている。 ③３拍子を意識して楽曲全体を味わい, その味わいを根拠をもって言葉で人に伝えている。 ④アセスメントシートで用語（３拍子）についての理解を示している。
思考・判断・表現	３拍子を知覚し, それが生み出す特質を感受し, 楽曲全体の味わいにつなげる。	①動作が３つで組になっている。 ②３拍子を意識し, ３拍子に合う動きを工夫してつくっている。 ③３拍子の知覚・感受を手がかりに, 楽曲全体を見通して批評文を書いている。
主体的に学習に取り組む態度	３拍子に関心をもち, 意欲的に楽曲を聴いたり, 動きをつくったりする。	①３拍子に関心をもって, 意欲的に聴いたり動きをつくったりしている。

92 第３章 音楽科授業の実践

8. 展開

子どもの学習	指導者の活動	評価
経験 曲を聴いて音楽に合わせて3拍子のステップで動き，3拍子に気付く		
○曲を聴いて，受けた感じを伝え合う。	●曲名と作曲者を知らせ，曲を聴かせる。また，どんな感じの曲と思ったか感想を聞く。	
○曲に合わせて3拍子のステップで動く。	●3拍子のステップ（片足1歩斜め前に踏み出し，そこでトントンと両足で足踏みする）を示す。	
	●輪になって，曲を聴きながら，曲にのってステップができるまで，みんなで動いてみる。	知識・技能①（観察）
分析 3拍子を知覚・感受し，楽曲に対するイメージを表現する動きをつくるための手がかりを得る		
○曲を聴いて，この曲に合う図を選ぶ。 ア ●｡｡●｡｡●｡｡ イ ●｡●｡●｡	●動かずに曲を聴かせ，この曲に合う図を選ばせる。	
	●考える際に，ア，イのそれぞれで手拍子してみる。	
○ア，イの感じを発表する。	●それぞれの感じを発表させる。【板書】	

板書

ア　●｡｡●｡｡●｡｡　　　おどっているみたい　ゆったりしたかんじ

イ　●｡●｡●｡　　　　　行進しているみたい　かくかくしたかんじ

子どもの学習	指導者の活動	評価
○3拍子を知る。	●この曲は3拍子で，アで動くとぴったりになるように作曲者が作ったことを伝える。	
○3拍子を手拍子で確かめる。	●ひざ打ちと手拍子（ひざ・手・手）も行うことで，3拍子をしっかりと意識させる。	思考・判断・表現①（観察）

鑑賞《動物の謝肉祭》より〈象〉　93

	子どもの学習	指導者の活動	評　価
再経験	グループで3拍子のステップをもとに，イメージが伝わるように動きをつくる		
	○グループで，3拍子に合う，イメージが伝わる動きを考える。	●グループになり，3拍子のステップをもとに，腕も使ったイメージに合う動きをつくるように指示する。	★主体的に学習に取り組む態度①(観察) ★思考・判断・表現②(観察)
	○つくった動きを発表する。	●見ている子どもには，音楽の感じと動きがよく合っていた動きを見つけるようにうながす。 ●必要に応じて音楽を聴かせて発言を確認する。	★知識・技能②(身体表現)
評　価	動きを通して味わったことを基に鑑賞し，紹介文(批評文)を書き，3拍子についてのアセスメントシートに答える。		
	○批評文を書き，アセスメントシートに答える。	●批評文を書かせるときには，音楽を聴かせる。 ●2拍子と3拍子の曲を選曲する。 　(例) 2拍子：《かじやのポルカ》 　　　　3拍子：《かっこうワルツ》	★知識・技能③(アセスメントシート問1) ★思考・判断・表現③(アセスメントシート問1) ★知識・技能④(アセスメントシート問2)

94　第3章　音楽科授業の実践

アセスメントシート

3びょうしを意識して〈象〉を味わおう

年　　組 名前(　　　　　　　　　)

1．作曲者のサン・サーンスさんは，なぜ，この曲を3拍子でつくったのだと思い
ますか？ サン・サーンスさんになったつもりで，りゆうを考えて書きましょう。
また，この曲のどういうところがよいと思いますか？ この曲のよいところも書
きましょう。

◎どうして3びょうしにしたのかというと…
ぞうが，鼻をぶらぶらさせて，楽しく，のっしのっしと歩いているかんじに
なるように，3拍子にしたのだと思います。
◎この曲のよいところは…
ぞうのおもいかんじを低い音であらわしているところです。
はじめは，ぞうがゆっくりと歩いていて，とちゅうの少しやさしいかんじの
ところは，ぞうが，友だちとあそんでいるみたいです。
そして，また歩いているかんじになるところが楽しくていい曲です。

2．つぎの2曲のうち，3びょうしの曲だと思う方に○をつけましょう。
また，そう思ったりゆうも書きましょう。

【　○　】1曲目が3びょうし　【　　　】2曲目が3びょうし

> そう思ったりゆうは…
> ・1曲目の方が，ゆったりとしていて，おどっているみたいでした。
> ・ブンちゃっちゃっに合っていて，落ち着いた感じがしたからです。

> 【見方】　1．象のゆったりした動きと3拍子のまとまりをつなげて考えている記述や，低い音や曲の
> 形式など音楽の特徴とそこから生まれる感じの記述があれば，鑑賞の能力を概ね満足と評価する。
> 2．3拍子を選んでいることで，知覚しているとみる。理由に，3拍子の雰囲気が表されている言葉の
> 記入があれば，感受しているとみる。

鑑賞《動物の謝肉祭》より〈象〉　95

Ⅲ 高学年の授業

1 歌唱 つばさをください

1. 指導内容
共通事項　強弱と曲想
指導事項　表現(1) 歌唱ア，イ，ウ(イ)

2. 単元名
強弱を意識して《つばさをください》を歌おう

3. 対象学年
第6学年

4. 教材
《つばさをください》 山上路夫作詞／村井邦彦作曲

5. 教材と単元について
　《つばさをください》はA(a a')B(b b')の二部形式で，前半と後半の曲想の変化がわかりやすい楽曲である。前半はのばす音が多く，ゆったりとした感じを与えるのに対し，後半は八分音符やシンコペーションのリズムが多用され，リズミカルな感じを出している。この2つの対照的な曲想をつないでいるのが，前半から後半へうつる部分の7拍のばすクレシェンドである。このクレシェンドに注目することによって，前半と後半の曲想の違いを意識して歌えるようになることがねらいである。この部分における，クレシェンドやデクレシェンドなど強弱の付け方の違いによって，後半へのつながり方がどう変わるのかを比べる活動を通して，本単元では強弱を意識し，曲想を生かした歌い方ができるようにさせたい。

6. 指導計画(全3時間)

ステップ	学習活動	時
経　験	◉《つばさをください》を歌って曲想の変化に気付く。	第1時
分　析	◉強弱を知覚・感受し，イメージを表現する工夫への手がかりを得る。	第1・2時
再経験	◉強弱を意識して，イメージが伝わるように表現を工夫して歌う。	第3時
評　価	◉強弱についてのアセスメントシートに答える。	

7. 単元目標・評価規準

評価の観点	単元目標・評価規準	具体の学習場面における評価規準
知識・技能	強弱について理解し，イメージが伝わるように歌唱表現できる。	①声の大きさや顔の表情，息のコントロールなどに気をつけて，身体全体を使い，曲想の変化と強弱との関わりを意識して歌っている。②アセスメントシートに用語(強弱)についての理解を示している。
思考・判断・表現	強弱を知覚し，それが生み出す特質を感受する。	①曲想の変化を感受している。②クレシェンドで歌ったときと，デクレシェンドで歌ったときとの違いを聴き分けて，クレシェンドで歌ったときの特質を感じ取っている。③強弱の付け方をいろいろ試し，イメージに合った歌い方を探し，歌っている。
	強弱を意識し，イメージが伝わるように表現を工夫する。	
主体的に学習に取り組む態度	強弱に関心をもち，意欲的に《つばさをください》を歌う。	①クレシェンドで歌ったときと，デクレシェンドで歌ったときとの違いに注目して歌ったり，聴いたりしている。②身体全体を使って歌うなどして，曲想の変化に伴う強弱を楽しんで歌っている。

8. 展開

子どもの学習	指導者の活動	評 価
経験　《つばさをください》を歌って曲想の変化に気付く		
○《つばさをください》を歌う。	●強弱記号を外した楽譜を準備する。	
○曲想が大きく変化したところを考えながら歌う。	●大きく2つに分かれていることを伝える。	
○各自，配布楽譜の曲想が変わったと思うところに線をひく。		思考・判断・表現①(観察)
○拡大楽譜に印をつけ，場所をクラスで確認する(そこに★印をつけておく)。	●★印の前を前半，後を後半とする。	
○どうしてそこで区切ったのかを発表する。	●どうしてそう思ったのか，感じがどう変わったのかを問う。	
	●発言を板書し，前半と後半の曲想を整理する。	
○再度歌う。	●前半と後半のイメージを意識し，自分なりに歌い方を変えてみるように促す。	
分析　強弱を知覚・感受し，イメージを表現する工夫への手がかりを得る		
○★箇所にクレシェンドがついていることを知り，その理由を考える。	●★箇所にはクレシェンドが入ることを伝える。	
○2種類の強弱表現で実際に歌ったり，聴いたりする。	●★箇所前後を通して，クレシェンドとデクレシェンドで歌ったり，聴いたりしながら感じの違いをつかめるようにする。	主体的に学習に取り組む態度①(観察)
○2種類の強弱表現の違いを発言する。	●2種類の強弱の付け方について，感じの違いを聞く。	思考・判断・表現②(発言)
	●出た意見を板書で整理する。	
	●出た意見を板書で整理し，クレシェンドによる後半へのつながり方を確認する。	

歌唱 つばさをください　97

子どもの学習	指導者の活動	評 価
再経験　強弱を意識して，イメージが伝わるように表現を工夫して歌う		
○クレシェンドをつけて歌う。	●クレシェンドを意識して歌わせ演奏を録音する。 ●録音したものを聴かせるようにする。	
○どうすればクレシェンドをつけて歌えるかを班で考える。	●できていない場合はどうしたらよいか考えさせる。 ●「息継ぎ」，「息の量」の2点をヒントにして，クレシェンドの「技」を考えさせる。 ●子どもから出た意見はすぐに歌ったり，範唱を聴いたりして試すようにする。	
○全員でクレシェンドをつけて歌う。	●出された意見の中で，やりやすい方法をたずね，皆で決めたクラスの歌い方で★箇所前後の部分を全員で歌わせる。	
○グループになって，★箇所の他にも強弱を考え，自分たちのイメージを表現できるように歌いながら，相談する。	●再度録音して聴かせ，クレシェンドの効果を確認する。 ●★の前と後のイメージの違いを板書でふり返らせる。	★思考・判断・表現③ （観察・発言）
○グループ発表をする。	●曲想の変化に注目させて聴かせる。	★主体的に学習に取り組む態度②（観察） ★知識・技能①（演奏）
評 価　強弱についてのアセスメントシートに答える		
○異なる2種類の強弱をつけて歌ったものを聴き比べ，アセスメントシートに答える。	●《きみをのせて》の最後の部分を，2通りの歌い方（クレシェンドとデクレシェンド）で比較するようにする。	★知識・技能② （アセスメントシート）

98　第3章　音楽科授業の実践

アセスメントシート

強弱のちがいによる曲想の変化を感じ取ろう

　　　　　　　　　　　　　　　　年　　組　　名前(　　　　　　　　　)

○今から《きみをのせて》を聴きます。途中の「つめこんで〜」の部分の強弱がちがいます。
　どちらかがクレシェンドで，もう一方はデクレシェンドで歌われています。

・クレシェンドでの歌い方

・デクレシェンドでの歌い方

2つの歌い方を聴いて，次の質問に答えましょう。

1. クレシェンドで歌われているのはどちらですか？　○をつけましょう。

　　クレシェンドで歌われているのは【　1番目　・　2番目　】の方です。

> 【見方】知覚を問う問題。クレシェンドで歌われている方を選べていれば知覚できると見る。

2. 2つの歌い方を聴いて，それぞれどんな感じやイメージがしますか？
　　○【1番目】は，

　　　　　　　　　　　　　　　　　　　　　　　　　　　　な感じがしたよ。
　　　　　　　　　　　　　　　　　　　　　　　　　　　　なイメージがしたよ。

　　○【2番目】は，

　　　　　　　　　　　　　　　　　　　　　　　　　　　　な感じがしたよ。
　　　　　　　　　　　　　　　　　　　　　　　　　　　　なイメージがしたよ。

> 【見方】感受に関する問題。クレシェンドを「迫力がある。」や，「テンションが上がってくる。」，デクレシェンドを「弱々しい。」や，「さびしくて，テンションが下がる。」などのように，何らか対比的に記述できていれば感受されていると見る。

歌唱　つばさをください　99

Ⅲ 高学年の授業

2 歌唱 こげよマイケル

1. 指導内容 共通事項　和音の響きと曲想
　　　　　　　指導事項　表現(1) 歌唱ア，イ，ウ(ウ)

2. 単 元 名 和音の響きを意識して《こげよマイケル》を歌おう

3. 対象学年 第5学年

4. 教　　材 《こげよマイケル》　スピリチュアル　吉田覚日本語詞／星野光編曲

5. 教材と単元について

　《こげよマイケル》は，19世紀ごろから歌われている黒人霊歌(スピリチュアル，アメリカ民謡)である。1600年以降の北アメリカ大陸へのヨーロッパ各国の入植開始と同時に，現地での労働力として連れてこられたアフリカ人たちが歌っていたのが始まりとされている。過酷な労働を強いられる中，川の向こうの安住の地に渡り，自由を手にいれるんだ，という希望が歌に込められている。

　曲の構成は「呼びかけとこたえ」(コールアンドレスポンス)になっている。「マイケルこげふねを」という付点やシンコペーションによるリズミカルな斉唱の「呼びかけ」の部分と，「ハレルヤ」という祈りをささげるように伸びやかなリズムで和音の響きのある「こたえ」の部分が交互に表れ，それが繰り返される。このように，和音の響きがある部分とない部分が短い間隔で交互に現れることから，和音の響きに気づきやすく，また，音が重なっている部分はリズムが伸びやかであることから子ども自身が和音の響きを意識し，確かめながら歌いやすいため，和音の響きを学ぶのに適した教材である。

　この単元では，主旋律に和音の音を重ねると響きがどう変化するかということを経験させたい。

6. 指導計画(全3時間)

ステップ	学習活動	時
経　験	◉《こげよマイケル》を歌い，「ハレルヤ」の部分は和音の響きをつくっていることに気付く。	第1時
分　析	◉和音の響きを知覚・感受し，イメージを表現する工夫への手がかりを得る。	
再経験	◉和音の響きを意識してイメージが伝わるように《こげよマイケル》を歌う。	第2時
評　価	◉和音の響きについてのアセスメントシートに答える。	第3時

7. 単元目標・評価規準

評価の観点	単元目標・評価規準	具体の学習場面における評価規準
知識・技能	和音の響きについて理解して，イメージが伝わるように歌唱表現できる。	①各声部のバランスや音程，リズムを合わせることを考えるなど，和音の響きを意識して歌っている。 ②和音の響きが生み出すイメージが伝わるように，強弱や速度等に変化をつけて歌っている。 ③アセスメントシートに用語(和音の響き)についての理解を示している。
思考・判断・表現	和音の響きを知覚し，それが生み出す特質を感受する。	①和音の響きの違いを聴き分けて，それぞれの和音が生み出す特質を感じ取っている。
	和音の響きを意識し，イメージが伝わるように表現を工夫する。	②和音の響きが生み出すイメージが伝わるように表現を工夫している。

主体的に学習に取り組む態度	和音の響きに関心をもち，意欲的に《こげよマイケル》を歌う。	①和音の響きがある部分とない部分の違いに注目して歌を聴いている。 ②和音の響きに関心をもち，意欲的に歌っている。 ③表現の工夫や音のとり方の工夫を意欲的に考えながら歌っている。

8. 展開

子どもの学習	指導者の活動	評価
経験 《こげよマイケル》を歌い，「ハレルヤ」の部分は和音の響きをつくっていることに気付く		
○《こげよマイケル》の主旋律を歌う。	●指導者は子どもの中に入り，《こげよマイケル》の歌をリードしながら一緒に歌う。 ●この歌が黒人霊歌であるという背景を伝える。	
○「ハレルヤ」の部分に和音の響きが加わるとどのような感じがするかをペアで話し合い，その後クラスで交流する。	●子どもが《こげよマイケル》を歌えるようになったら，合唱のCDを聴かせる。 ●斉唱と合唱の部分があることを確認して再度CDを聴かせ，「ハレルヤ」の部分を合唱にすると，どのような感じがするかをペアで話し合わせる。 ●子どもの発言に即して再度音楽を流し，発言内容を音楽で確認し全体で共有させる。	主体的に学習に取り組む態度①(観察)
○主旋律にどのような旋律が重なるかを知り，主旋律にそれ以外のパートを重ねて歌ってみる。	●主旋律以外のパートの旋律を紹介し，指導者がリードして歌う。 ●適宜，クラスを分けるなどして重ねて歌わせる。	
分析 和音の響きを知覚・感受し，イメージを表現する工夫への手がかりを得る		
○「ハレルヤ」の響きが「和音」というものでできていることを知る。	●長音階(ドレミファ)の上に和音をつくった五線譜を示し，実際に音を鳴らしながら，このように音を重ねたものを「和音」ということを知らせ，用語をラベリングする。	

歌唱 こげよマイケル 101

子どもの学習	指導者の活動	評　価
○和音の響きの違いを比較聴取し，知覚・感受したことをワークシートに記入し，交流する。 　例：「最初のは明るく上の方へあがって響く感じだけど，次のは詰まった感じがする」	●和音の響きに耳を傾けさせるために「ハレルヤ」の箇所で，旋律を弾きながらそこに「Ⅰ→Ⅳ→Ⅰ等，適切な和音を付けていく演奏」と「ずっとⅠの和音を付け続ける演奏」とを比較聴取する場をもつ（鍵盤ハーモニカか電子オルガン等を使う）。 ●比較聴取する中で「和音の響き」という用語を知らせる。 ●子どもの発言に即して音を聴かせたり，実際歌わせたりして，発言内容を音楽で確認し全体で共有させる。 ●確認する際に，和音の種類（Ⅰの和音，Ⅳの和音等）にもふれる。	思考・判断・表現①（観察）
○ＣＤで，１段目の「ハレルヤ」と２段目の「ハレルヤ」を和音の響きを意識して聴き，歌い，それぞれの「ハレルヤ」のイメージをペアで話し合う。その後，クラスで交流する。	●２つの「ハレルヤ」の和音の響きによるイメージの違いを問い，ＣＤを聴かせたり，歌わせたりして考えさせる。 ●子どもの発言に即して再度歌って試し，１段目の「ハレルヤ」と２段目の「ハレルヤ」の大まかなイメージをクラスで共有させる。	主体的に学習に取り組む態度②（観察） 知識・技能①（観察）
○イメージを意識して歌う。	●クラスで歌うことを通して，イメージを表現するための工夫を出させる。	

再経験	和音の響きを意識してイメージが伝わるように《こげよマイケル》を歌う	
○和音がうまく響くように，そしてイメージが伝わるように，グループで歌い方を工夫する。 （歌い方の工夫例） ・１つめの「ハレルヤ」は盛り上がるように強く歌い，２つめの「ハレルヤ」は落ち着くように弱く歌う。 ・２つめの「ハレルヤ」は天国に届くようになめらかに歌う。	●グループ（６人程度）でパートを分けて歌いながら，表現の工夫や音のとり方の工夫を最低１つ見つけるという課題を出す。 ●グループから出てきた工夫（例えば，強弱や速度等の変化など）をクラスで実際に歌ってみる。適宜，録音をとり，再生して振り返りをさせる。	★主体的に学習に取り組む態度③（観察） ★思考・判断・表現②（観察）
○クラスで合唱をする。	●いろいろな歌い方をさせ，歌うことを楽しませる。 　・最初は斉唱で，２回目は合唱で。 　・斉唱部分は一人で，和音の部分は全員で。 　・手拍子「ウンタタ　ウンタン」を入れて歌う。 　・列ごとに歌う。	★知識・技能①②（演奏）

102　第３章　音楽科授業の実践

子どもの学習	指導者の活動	評 価
評 価 和音の響きについてのアセスメントシートに答える		
○2種類の和音の付け方の演奏を聴いて，アセスメントシートに答える。	●アセスメントでは和音の響きの違いの知覚・感受をみるために，旋律を弾きながらそこに「Ⅰ→Ⅳ→Ⅴ等と適切な和音を付けていく演奏」（1回目）と「ずっとⅠの和音を付け続ける演奏」（2回目）とを比較聴取させる。 　例：《エーデルワイス》の最後のフレーズに和音を付け，比較聴取	★知識・技能③（アセスメントシート）

アセスメントシート

和音の響きを意識して歌おう

年　　組　　名前(　　　　　　　　　　)

■2通りの《エーデルワイス》の演奏を聴いて，和音の響きに変化があるかどうか，合っている方に○を付け，それぞれどんな感じがするか書きましょう。

1つ目の演奏は
・和音の響きが（　変化している　・　変化していない　）
・感じは

　　花がきれいに開いていく感じ

【見方】
1つ目の演奏は和音の響きは変化している，2つ目の演奏は変化していない，に○が付いていれば知覚できているとみる。感じの違いについては，対比的な感じが書けていれば感受できているとみる。

2つ目の演奏は
・和音の響きが（　変化している　・　変化していない　）
・感じは

　　花が開かず何も変化しない感じ

歌唱　こげよマイケル　103

Ⅲ 高学年の授業

3 器楽 越天楽今様

1. 指導内容
共通事項　音階（日本の音階）と曲想
指導事項　表現(2)　器楽ア，イ(ア)，ウ(イ)

2. 単 元 名
日本の音階を意識して《越天楽今様》を演奏しよう

3. 対象学年
第6学年

4. 教　　　材
《越天楽今様》　日本古謡　慈鎮和尚作歌，雅楽《越天楽》

5. 教材と単元について

　《越天楽》は，「雅楽」の中で最もよく知られた作品である。雅楽とは，宮中や社寺などに伝承されている古代からの伝統をもつ楽舞や歌舞の総称である（『日本音楽基本用語辞典』音楽之友社，2007，p.17）。雅楽の内容には，舞楽，管絃，歌物などがあり，《越天楽》は管絃の楽曲である。その《越天楽》の旋律に「今様」（今風の新しい）の歌詞をつけて歌われたのが《越天楽今様》である。旋律は，日本の音階の1つである「律の音階」が用いられている。律の音階は雅楽や謡曲など日本の古い時代に成立した音楽に多く用いられている音階である。《越天楽》の旋律は，主に篳篥と龍笛で演奏される。今回の器楽演奏では，リコーダーと鍵盤ハーモニカで代用する。この単元では，西洋の音階と比較することにより，律の音階の雰囲気を感じ取らせたい。

6. 指導計画（全2時間）

ステップ	学習活動	時
経　験	◉《越天楽》の旋律を聴き，唱歌（しょうが）で歌ったりリコーダーで演奏したりする。	第1時
分　析	◉ 音階の違いを知覚・感受し，イメージを表現する工夫への手がかりを得る。	第2時
再経験	◉ 日本の音階を意識してイメージが伝わるように《越天楽今様》を演奏する。	
評　価	◉ 日本の音階についてのアセスメントシートに答える。	

7. 単元目標・評価規準

評価の観点	単元目標・評価規準	具体の学習場面における評価規準
知識・技能	日本の音階について理解し，イメージが伝わるように《越天楽今様》を演奏表現できる。	①レミソラシの5音音階でできていることを理解し，律音階が醸し出す雰囲気を伝えようとリコーダーや鍵盤ハーモニカで器楽演奏している。 ②アセスメントシートに用語（日本の音階）についての理解を示している。
思考・判断・表現	日本の音階について知覚し，そこから生み出される特質を感受する。	①日本の音階と西洋の音階とを比べ，日本の音階から生み出される特質について適切に発言している。
	日本の音階を意識し，イメージが伝わるように表現を工夫する。	②日本の音階を意識して，リコーダーや鍵盤ハーモニカの音楽表現を工夫している。
主体的に学習に取り組む態度	日本の音階に関心をもって，意欲的に聴いたり演奏したりする。	①唱歌（しょうが）を聴き覚えながら意欲的に歌ったり，リコーダーで演奏したりしている。 ②律音階が醸し出す雰囲気を意識しながら，リコーダーや鍵盤ハーモニカで器楽演奏しようとしている。

104　第3章　音楽科授業の実践

8. 展開

子どもの学習	指導者の活動	評 価
経 験 《越天楽》の旋律を聴き，唱歌(しょうが)で歌ったりリコーダーで演奏したりする		
○《越天楽今様》を歌う。	●範唱CDを聴かせ，それに合わせて歌うようにさせる。 ●歌詞は板書しておく。 ●どんな感じがしたか感想を問う。	
○《越天楽》の冒頭部分を聴く。	●《越天楽》の冒頭部分を聴かせる。 ●《越天楽今様》と比べてみてどんな感じがしたかを問う。 ●《越天楽今様》の楽譜に歌詞のかわりに篳篥の唱歌(しょうが)を書いたプリントを配布する。	
○主旋律を唱歌(しょうが)で歌う。 膝打ち2回，横打ち2回しながら歌う。 (□□■■)	●《越天楽》のCDに合わせて，一緒に唱歌(しょうが)を歌ってリードし，旋律が歌えるようにする。 ●できれば本来の縦書きの唱歌譜も見せる。	主体的に学習に取り組む態度①(観察)
○主旋律(8小節まで)をリコーダーで演奏する。	●唱歌(しょうが)で歌ったようにリコーダーで演奏させる。 ●息継ぎの場所や音ののばし具合が五線の楽譜に書かれているのと違うことに気付かせる。	
分 析 音階の違いを知覚・感受し，イメージを表現する工夫への手がかりを得る		
○日本の音階と西洋の音階で演奏された《越天楽今様》を聴き比べ，律音階について知る。	●《越天楽今様》が何の音でできているかを調べさせ，レミソラシの5音でできていることを確認する。 ●西洋の音階(ドレミファソ)で演奏した《越天楽今様》と日本の音階(レミソラシ)を聴き比べ，どんな感じがするかを発表する場をもつ。(西洋の音階にするとミーファファ／レレドレ／ファファファミ／ファー○／ミーファファ／ソソドソ／ファファファミ／ファー○) ●西洋(ドレミファソ)と日本の音階を提示し，視覚的にわかるようにする。 ●出された意見は板書で整理する。 ●《越天楽今様》で使われている音階は「日本の音階」であり，その中の「律音階」ということを伝える。「律音階」は雅楽で使われている音階であることも補足説明する。	思考・判断・表現①(発言)

器楽 越天楽今様 105

子どもの学習	指導者の活動	評価
○「雅楽」について知る。	●「雅楽」という用語を知らせ、中国や朝鮮半島から、奈良時代から平安時代にかけて伝来した楽舞をもとに1200年以上受け継がれている世界最古の合奏音楽であることや、宮廷を中心とした貴族社会の儀式や神社や寺院の宗教音楽として演奏されたことなど、簡単に文化的背景を伝える。	
○日本の音階を意識して《越天楽》の冒頭部分を聴く。	●板書された内容を振り返りながら、《越天楽》を聴き、音と音のつながりや進み方に着目させる。	
○音のつながりに気をつけて《越天楽今様》を唱歌(しょうが)で歌う。	●音から音へのずり上がりや息継ぎの場所、息の強弱を意識させながら歌わせる。	主体的に学習に取り組む態度①(観察)
○雅楽の感じを意識してリコーダーで演奏し、演奏の仕方で工夫したことを交流する。	●音から音へのずり上がりや息継ぎの場所、息の強弱など歌ってみた感じを意識しながらリコーダーで演奏するよう促す。 ●雅楽の感じが出せている演奏の仕方を取り上げ、工夫を共有させる。	

再経験	日本の音階を意識してイメージが伝わるように《越天楽今様》を演奏する	
○リコーダーと鍵盤ハーモニカで演奏する。	●主旋律、和音が書かれた楽譜を配布する(和音は笙のパートを鍵盤ハーモニカで演奏する)。 ●唱歌(しょうが)で歌ったように、音の上がり下がりや息の強弱を思い出しながら吹くようにさせる。	★主体的に学習に取り組む態度②(観察)
○グループで音楽表現の工夫をする。	●雅楽の雰囲気がでるように速度や音の出し方を工夫できているグループを随時取り上げ紹介する。	★思考・判断・表現②(観察)
○グループで発表する。	●日本の音階を意識して、雅楽らしく演奏しているかという視点で聴き合うようにさせる。	★知識・技能①(演奏)

評価	日本の音階ついてのアセスメントシートに答える	
○2つの楽曲の演奏を聴き、アセスメントシートに答える。	●篳篥等の雅楽の楽器で演奏された《君が代》(律の音階)と《ふるさと》(西洋の長音階)のCDを流す。 ●2つの演奏を聴き比べ、どちらが日本の音階の音楽なのか、それぞれどんな感じがするかを記入できるアセスメントシートを配布する。	★知識・技能②(アセスメントシート)

106　第3章　音楽科授業の実践

アセスメントシート

日本の音階を意識して演奏しよう

年　組　名前（　　　　　　　　　　）

♪今から2つの曲を聴きます。日本の音階の音楽かそうでないかを考えて聴きましょう。
音楽を聴いてそれぞれ正しい方に○をつけましょう。

1番の曲

（　○　）日本の音階の音楽である。　　（　　　）日本の音階の音楽でない。

2番の曲

（　　　）日本の音階の音楽である。　　（　○　）日本の音階の音楽でない。

♪それぞれどんな感じがしましたか。

1番の曲は

> おばけがでてきそうで，不思議な感じがする。
> とても神秘的で，おごそかな雰囲気を感じる。
> ゆったりとして，ねむくなりそう。日本って感じがする。

2番の曲は

> 明るい感じで，昔を思い出している様子を思い浮かべた。
> さわやかで，楽しくなる感じがする。

器楽 越天楽今様 107

Ⅲ 高学年の授業

4 音楽づくり 民謡音階のふしづくり

1. 指導内容　共通事項　音階（日本の音階）と曲想
　　　　　　　　指導事項　表現(3) 音楽づくりア(イ)，イ(イ)，ウ

2. 単 元 名　日本の民謡音階を意識してふしをつくろう

3. 対象学年　第5学年

4. 教　　材　ふしづくりの活動，《なべなべそこぬけ》　わらべうた

5. 教材と単元について

　音階は，ある音楽を構成する基本的な音を音高順に並べたもので，時代や民族により様々である。西洋の音階である長音階は「ドレミファソラシ」という7音で構成されているが，日本の民謡音階は「レファソラド」等の5音で構成されている。ここでは，わらべうたの《なべなべそこぬけ》を教材として使い，日本の音階の一つである民謡音階を用いてふしづくりをさせる。

　《なべなべそこぬけ》は，「なべなべそーこぬけー　そーこがぬけたら　かえりましょ」というわらべうたである。二人組で向かい合って手をつなぎ，つないだ手を放さずに歌に合わせて左右にゆれて，「かえりましょ」で，内側から外側へと向きを変える遊びである。また徐々に人数を増やして遊び，クラス全員が一つの輪になって遊ぶこともできる。ここではリコーダー（鍵盤ハーモニカでも可）を使うので，《なべなべそこぬけ》は「ソファ／ソファ／ソツツ／ソ〇／ソツツ／ソツララ／ソソファ／ソ〇」とし，基本的に構成音の3音「ファソラ」を用いて《なべなべそこぬけ》のつづきのふしをつくる活動とする。この単元では，民謡音階を使うと容易に言葉をふしにでき，歌が生まれることを経験させたい。

6. 指導計画（全3時間）

ステップ	学習活動	時
経　験	◉《なべなべそこぬけ》を歌って遊び，それが日本の音階（民謡音階）でできていることに気付く。	第1時
分　析	◉民謡音階を知覚・感受し，イメージを表現する工夫への手がかりを得る。	
再経験	◉民謡音階を意識してイメージが伝わるように《なべなべそこぬけ》のつづきのふしをつくる。	第2時
評　価	◉つくったふしを発表し，民謡音階についてのアセスメントシートに答える。	第3時

7. 単元目標・評価規準

評価の観点	単元目標・評価規準	具体の学習場面における評価規準
知識・技能	民謡音階について理解して，イメージが伝わるようにふしづくりができる。	①《なべなべそこぬけ》がリコーダーで吹ける。 ②民謡音階を使って，表現したいイメージが伝わってくる演奏をしている。 ③アセスメントシートに用語（日本の音階）についての理解を示している。
思考・判断・表現	民謡音階を知覚し，それが生み出す特質を感受する。	①民謡音階と長音階との違いについて適切にペアで話し合っている。 ②民謡音階の音を使ってイメージが伝わるように，音のつなげ方や歌い方を試している。
	民謡音階を意識し，イメージが伝わるように表現を工夫する。	

108　第3章　音楽科授業の実践

主体的に学習に取り組む態度	民謡音階に関心をもち，意欲的に《なべなべそこぬけ》を歌ったりふしづくりをしたりする。	①民謡音階と長音階の違いについてペアで話し合っている。 ②ペアで話し合いながら民謡音階を使ってつづきのふしをつくっている。

8．展開

	子どもの学習	指導者の活動	評 価
経 験	《なべなべそこぬけ》を歌って遊び，それが日本の音階（民謡音階）でできていることに気付く		
	○《なべなべそこぬけ》で遊ぶ。	●指導者も入って《なべなべそこぬけ》で遊ぶ。	
	○《なべなべそこぬけ》を歌い，リコーダーで吹けるか試してみる（楽譜は使わない）。	●リコーダーの「ソ」の音を最初の音として《なべなべそこぬけ》を吹いてみるよう誘う。近くの友だちと教え合ったり，見合ったりさせる。	知識・技能①（観察）
	○吹きながら《なべなべそこぬけ》が「ファ，ソ，ラ」の3つの音でできていることを見つける。	●《なべなべそこぬけ》はいくつの音でできているかと問う。	
分 析	民謡音階を知覚・感受し，イメージを表現する工夫への手がかりを得る		
	○長音階の他にも音階があることを知る。長音階は西洋の音階で，《なべなべそこぬけ》は日本の音階でできていることを知る。	●「レファソラドレ」と楽器で鳴らし，《なべなべそこぬけ》はその中の「ファソラ」でできていることを教える。（黒板に音階の資料1を掲示する） ●「レファソラドレ」という音階（音の並び方）は，「ドレミファソラシド」という西洋の音階とは違う，日本の音階で「民謡音階」であると，楽器で音階を鳴らしながら教える。	
	○民謡音階と長音階を聴き比べ，自分でもリコーダーで吹いてみて，違いについてペアで話し合う。	●民謡音階を感じることができるように，民謡音階「レファソラドレ」と長音階「ドレミファソラシド」とを聴き比べさせ，感じの違いを問う。子どもたちにも吹かせ，ペアで話し合わせる。	主体的に学習に取り組む態度①（観察） 思考・判断・表現①（観察）
	○民謡音階と長音階の違いについて発言する。	●民謡音階と長音階の違いについて発言させ，民謡音階から受けるイメージを《なべなべそこぬけ》や民謡音階を吹かせて確認する。	

音楽づくり　民謡音階のふしづくり　109

子どもの学習	指導者の活動	評価
再経験 民謡音階を意識してイメージが伝わるように《なべなべそこぬけ》のつづきのふしをつくる		
○《なべなべそこぬけ》のつづきを民謡音階「ファソラ」を使って、リコーダーを用いて音をさぐりながらつくる。	●ペア学習にして、《なべなべそこぬけ》のつづきのふしを即興的につくらせる。歌詞もつけて歌えるようなふしをつくらせる。ただし、いつも《なべなべそこぬけ》を吹いてからつづきをつくっていくルールとする。	
（例）な べ に は　おでん　　ほか ほか して る 　　　ファソ／ファファ／ソソ／ソ○　／ソソ／ララ／ソソ／ソ○		
○ペアで相談して2人のふしをうまくつなげる。	●1人が16拍分つくり、そのあと16拍分をもう1人がつくってつなげて一つの作品にする。	★主体的に学習に取り組む態度②（観察） ★思考・判断・表現②（観察）
○慣れてきたら、表現したい思いに合うように、3音以外の音も使ったり、リズムを工夫したりする。 （資料2参照）	●「ファソラ」の3音以外の音を使いたくなったら、板書の民謡音階の図を参考に、音階の範囲を広げてよいと伝える。 ●音のつなげ方やリズムを工夫している子どもがいたら、中間発表をさせ、「こんな工夫もできる」と共有させる。 ●自分で気に入った作品ができたら、覚えとしてワークシートに歌詞と音とを自由な書き方で書き留めさせる。	
評価 つくったふしを発表し、民謡音階についてのアセスメントシートに答える		
○作品を発表する。	●ペアの1人が歌い、1人がリコーダーでふしを吹く形で発表させる。	★知識・技能②（演奏）
○民謡音階と長音階の曲を聴いて、アセスメントシートに答える。	●民謡音階の曲《こきりこ》と長音階の曲《こげよマイケル》を、オルガンか鍵盤ハーモニカで弾いて比較聴取させる。	★知識・技能③（アセスメントシート）

資料

【資料1　音階の図】

【資料2　子どもの作品例】

民謡音階[レファソラド(レ)]を使ってふしづくりをしよう

（例）【おいしいおでん】

歌詞	なべ	なべ	そーこぬ	け	そこが	ぬけたら	かえりま	しょ
ふし	ソファ	ソファ	ソ　ソソ	ソ　○	ソソソ	ソソララ	ソ　ソファ	ソ○

【A児】

歌詞	なー	べ　は	ぐーつぐ	つ	はやく	で　き	な　い	か
ふし	ファソ	ファファ	ソ　ソソ	ソ　○	ラララ	ソ　ソ	ファファ	ソ○

【B児】

歌詞	はー	や　く	たーべた	い	お　い	し　い	お　で	ん
ふし	ファソ	ファファ	ソ　ソソ	ソ　○	レ　レ	ファファ	ソ　ソ	ソ○

アセスメントシート

民謡音階を意識して　ふしをつくろう

年　　組　名前（　　　　　　　　　　　）

■この音楽は日本の音階の「民謡音階」でできているか，それとも西洋の音階の「長音階」でできているか，○をつけましょう。
また，それぞれの歌はどんな感じがするか書きましょう。

【1番】（民謡音階の音楽）
　　・「民謡音階」　　　　　　・「長音階」

> 【見方】
> 【1番】は「民謡音階」,【2番】は「長音階」に○がついていたら知覚できているとみる。

　　これは
　　・日本のいなかでのんびりしている
　　　　　　　　　　　　　　　　　感じがするよ。

【2番】（長音階の音楽）
　　・「民謡音階」　　　　　　・「長音階」

　　これは
　　・いつも歌っている音楽みたいで，はっきりした
　　　　　　　　　　　　　　　　　感じがするよ。

> 【見方】「民謡音階」と「長音階」の感じの違いをとらえていれば，感受できているとみる。

音楽づくり　民謡音階のふしづくり　111

Ⅲ 高学年の授業

5 鑑賞 行進曲（くるみ割り人形 より）

1. 指導内容　共通事項　音色（オーケストラの音色）と曲想
　　　　　　　指導事項　鑑賞(1)　ア，イ
2. 単　元　名　オーケストラの音色を意識して〈行進曲〉を味わおう
3. 対象学年　第5学年
4. 教　　　材　《組曲　くるみ割り人形》より〈行進曲〉　チャイコフスキー作曲
5. 教材と単元について
　《組曲　くるみわり人形》はバレエ音楽であり，16曲から成る「組曲」である。本単元では，その中から〈行進曲〉を取り上げる。〈行進曲〉は，主題の前半を管楽器，後半を弦楽器が演奏しては打楽器で締めくくることを繰り返し，管弦打による演奏へと変化して終わる。そのため，管・弦・打，およびそれらの楽器の重なりによる音色が聴き取りやすい。ここではピアノ用にアレンジされたものと，オリジナルのオーケストラで演奏されたものとを比較聴取させることによって，オーケストラの楽器の音色が生み出す特質を感じ取らせる。そしてその演奏のよさを紹介文によって人に伝える学習を行う。この単元では，オーケストラという合奏形態において管弦打の楽器の音色が重なるとどのような響きや表現効果が生み出されるのか経験させたい。

6. 指導計画（全2時間）

ステップ	学習活動	時
経　験	◎演奏されている楽器を意識しながら〈行進曲〉を聴き，演奏楽器による曲想の違いに気付く。	第1時
分　析	◎オーケストラの音色を知覚・感受し，鑑賞への手がかりを得る。	
再経験	◎オーケストラの音色について理解して鑑賞し，紹介文を書く。	第2時
評　価	◎紹介文を交流し，オーケストラの音色についてのアセスメントシートに答える。	

7. 単元目標・評価規準

評価の観点	単元目標・評価規準	具体の学習場面における評価規準
知識・技能	オーケストラの音色について理解して楽曲のよさを味わい，イメージしたことを根拠をもって言葉で人に伝えることができる。	①紹介文において，オーケストラの音色についての理解を基に楽曲全体の味わいを人に伝えている。 ②アセスメントシートに用語（オーケストラの音色）についての理解を示している。
思考・判断・表現	オーケストラの音色の特徴を知覚し，それが生み出す特質を感受し，楽曲全体の味わいにつなげる。	①ワークシートにピアノとオーケストラの音色を知覚し，それらを比べた感受を書いている。 ②オーケストラの音色を手がかりに，楽曲全体を見通して紹介文を書いている。
主体的に学習に取り組む態度	オーケストラの音色に関心をもち，意欲的に聴く。	①オーケストラの演奏や映像に興味をもって聴いたり見たりしている。 ②紹介文にオーケストラの音色について書いている。

8. 展開

子どもの学習	指導者の活動	評価
経験 演奏されている楽器を意識しながら〈行進曲〉を聴き，演奏楽器による曲想の違いに気付く		
○ピアノとオーケストラによる演奏の冒頭部分を聴き比べ，何の楽器で演奏されているか，感じがどう違うか考える。 ○楽器と，感じの違いを発言する。	●演奏楽器の違う2種類の〈行進曲〉を聴くことを伝え，ピアノによる演奏とオーケストラによる演奏を聴かせる(冒頭適当な長さ)。 ●何の楽器で演奏されていたか，感じがどう違うかを発言させ，1番目と2番目に分けた表にし，板書する。	

板書		1番目	2番目
	楽器	・ピアノの音	・たくさんの音 ・トランペット？
	感じ	・はずむ感じ	・にぎやかな感じ ・お祭りみたい

子どもの学習	指導者の活動	評価
	●1番目はピアノ，2番目はオーケストラで演奏されていることを確認し，今回はオーケストラによる〈行進曲〉の学習をすることを伝える。 ●オーケストラの演奏ではどんな楽器の音が聞こえてくるか，見つけるように言う。楽器名がわからなくても「吹く楽器」「太鼓みたいな楽器」という言い方でよいとする。 ●オーケストラの楽器の写真が載ったプリントを参考に配布する。	
○オーケストラによる演奏を聴き，写真をみてどんな楽器が使われているか推察する。 ○気付いた楽器を発言する。 ○オーケストラが演奏している映像をみて楽器を確認する。	●オーケストラの演奏を聴かせる(再現部まで)。 ●気付いた楽器を聞き，板書する。 ●板書した楽器を確認するため，DVDによるオーケストラの演奏をみせる(再現部まで)。 ●映像をみせながら，板書にでていた楽器が登場したら指摘する(木管・金管・弦・打楽器の分類を含めて)。 ●「オーケストラ」とは木管・金管・弦・打楽器の合奏であることを再確認する。	主体的に学習に取り組む態度①(観察)
分析 オーケストラの音色を知覚・感受し，鑑賞への手がかりを得る		
○ピアノによる演奏とオーケストラによる演奏をCDで比較聴取し，気づいたこと感じたことをワークシートに記入し，発表しあう。	●曲の再現部までを，ピアノによる演奏とオーケストラによる演奏で交互に聴かせ，ワークシートに記入させる。 ●状況によって複数回聴かせる。	思考・判断・表現①(ワークシート)

板書	◆ピアノによる演奏	◆オーケストラによる演奏
	ピアノの演奏では，　　　感じがしたよ。	オーケストラの演奏では，　　　感じがしたよ。

子どもの学習	指導者の活動	評価
	●どうしてそんな感じがしたのかを問い，必要に応じて発言内容を音に帰して確認するようにする。	

鑑賞《組曲 くるみ割り人形》より〈行進曲〉　113

子どもの学習	指導者の活動	評価
再経験 オーケストラの音色について理解して鑑賞し，紹介文を書く		
○オーケストラによる演奏を聴いて紹介文を書く。	●オーケストラによる演奏を聴かせ，紹介文を書かせる。 ●適宜，音楽をかける。	★主体的に学習に取り組む態度②（アセスメントシート問1） ★知識・技能①（アセスメントシート問1） ★思考・判断・表現②（アセスメントシート問1）
評価 紹介文を交流し，オーケストラの音色についてのアセスメントシートに答える		
○紹介文を発表しあう。 ○ホルスト作曲の《惑星》から〈木星〉を聴いて，アセスメントシートに記入する。	●紹介文を発表させ，適宜，音楽に帰し，内容を共有させる。 ●ピアノで演奏された〈木星〉とオーケストラで演奏された〈木星〉を聴かせる。	★知識・技能②（アセスメントシート問2）

資　料

【ワークシート】

年　　　組　　　名前(　　　　　　　　　　　　　)

1. 今から2つの〈行進曲〉を聞きます。どちらがピアノの〈行進曲〉でどちらがオーケストラの〈行進曲〉でしょう。(　　　)の中にピアノまたはオーケストラと書きましょう。

　　　　　　1番(　　　　　　　　　　　　) 　2番(　　　　　　　　　　　　)

2. ピアノの〈行進曲〉とオーケストラの〈行進曲〉を比べて，気づいたことや感じたことを書きましょう。

> ピアノの演奏では，
>
> 　　　　音がはっきりしている，楽しい，明るい，おもしろい，軽い
>
> 　　　　　　　　　　　　　　　　　　　　　　　　　　　感じがしたよ。

> オーケストラの演奏では，
>
> 　　　　いろいろな音がまじっている，暗い，悲しい，
> 　　　　拍手しているような，明るいところもある
>
> 　　　　　　　　　　　　　　　　　　　　　　　　感じがしたよ。

114　第3章　音楽科授業の実践

アセスメントシート

オーケストラの音色を意識して〈行進曲〉を味わおう

年　　組　　名前（　　　　　　　　　）

1. オーケストラによる〈行進曲〉を聞き，ピアノの〈行進曲〉とは違ったよさ（気がついたことや感じたこと）をお友だちに紹介する文を書きましょう。そのとき，「オーケストラ」と「音色」という言葉を使うようにしましょう。また，自分がこの曲のどんなところがすきかも書きましょう。

> オーケストラの〈行進曲〉は，吹く楽器や弦をこする楽器やシンバルやいろいろな楽器の音色がきこえてきて，いろいろなお人形が楽しく行進しているような曲です。魔法使いも出てきます。わたしもうでをふって行進したくなってしまいます。そんな元気のよいところがわたしはすきです。

2. 今から2つの音楽を聞きます。オーケストラによる演奏だと思うほうに○をつけましょう。

（　　　）1番　　　　（　　　）2番

> 【見方】適切な方に○がついていれば知覚できているとみる。オーケストラの音色がもたらす特質にかかわる記述があれば感受できているとみる。

オーケストラの演奏は，そうではない方と比べてどのような感じがしましたか。

> いろいろな音がまじってひびくので迫力があった。こわい感じがしたり，楽しいところもあったりして，場面がうつり変わっていくのが思い浮かべやすかった。

鑑賞《組曲 くるみ割り人形》より〈行進曲〉　115

第 4 章
歌唱共通教材の研究

【解説】昭和16年文部省から発行された国民学校初等科1年生用の音楽の教科書「ウタノホン（上）」に掲載された。作詞者林柳波（1892〜1974）は，薬学を専門とする歌人，童謡詩人。代表作に《おうま》《たなばたさま》などがある。作曲者井上武士（1894〜1974）は，文部省の音楽科教科書編集委員。1小節から1つのまとまりになった3拍子の揺れを感じながら歌うと，この曲のイメージが引き出されるだろう。

2 かたつむり

文部省唱歌

【解説】 文部省唱歌。作詞,作曲者不明。明治44年に文部省から発刊された「尋常小学唱歌(一)」に掲載される。かたつむりの生態を観察するなど,かたつむりに親しみをもって歌いたい。「でんでんむし」の「でんでん」は頭や角を「出せ出せ」,殻から「出よ出よ」との呼びかけが長い間に訛ったともいわれている。(♫ ♫)のリズムパターンが特徴的である。このリズムパターンのもたらす感じを表現できるようにしたい。

3 日のまる

文部省唱歌 / 高野辰之 作詞 / 岡野貞一 作曲

【解説】明治44年《かたつむり》と同様「尋常小学唱歌（一）」に掲載された。昭和16年「ウタノホン（上）」では「ああうつくしや」が「ああうつくしい」と口語体の歌詞になる。作詞は文学者の高野辰之（1876〜1947），作曲は東京音楽学校教授の岡野貞一（1878〜1941）による。日本の国旗である日の丸の旗がはためく様子が思い浮かぶ。4小節の同じリズムが4回繰り返され，音域もせまいため，階名唱で暗唱すると楽器で演奏しやすい。

4 ひらいたひらいた

わらべうた

【解説】輪遊びのうたとして歌い継がれたわらべうたである。日本の音階でできている。このことから,ピアノ伴奏はなくてもよい。「れんげ」は「れんげ草」でなく,「蓮の花（蓮華）」である。わらべうたなので,動きを伴いながら歌える。輪になって歩くときに,拍を感じる学習ができる。また,その開花の様子をグループになって身体で表現しながら,問答にして歌うこともできる。

5 かくれんぼ

文部省唱歌 / 林　柳波 作詞 / 下総皖一 作曲

かくれんぼ するもの よっといで
じゃんけんぽん よ あいこでしょ
もう いい かい まあ だ だ よ
もう いい かい まあ だ だ よ
もう いい かい もう いい よ

（3回目 *p*）

【解説】昭和16年《うみ》と同様「ウタノホン（上）」に掲載された。林柳波は，《うみ》《たなばたさま》《おうま》など多くの歌詞を残した。作曲の下総皖一（1898〜1962）はベルリンで，ヒンデミットに師事。東京音楽学校作曲科教授。歌曲，合唱曲などの作曲のほか，和声学，作曲法などの著書がある。日本の音階でできており，明るく，軽快なスキップのリズム（♪♩）と問答の受け答えが特徴的である。

6 春がきた

文部省唱歌 / 高野辰之 作詞 / 岡野貞一 作曲

【解説】 明治43年「尋常小学読本唱歌」に掲載された。作詞の高野辰之,作曲の岡野貞一はともに文部省の教科書編纂委員であり,《日の丸》《春の小川》《もみじ》《ふるさと》《おぼろ月夜》など,二人による歌は現在の教科書にも多く取り上げられている。4小節が同じリズムで繰り返され,問答になった一部形式のシンプルな中に歌詞と旋律がきれいに流れる曲である。情景を想像して歌い方を工夫し,春の季節の楽しい気分を味わって明るく歌うことができる。

7 虫のこえ

文部省唱歌

【解説】《春がきた》と同様,明治43年「尋常小学読本唱歌」に掲載された文部省唱歌。作詞者,作曲者不明。2番の出だしは,最初は「きりきりきりきりキリギリス」であったが,昭和7年(1932年)「〜こおろぎや」に改定された。最近では,歌詞に出てくる秋の虫を知らない子どもたちも多いので鳴き声や姿,かたちを調べてみよう。虫の鳴き声に合う音探しをし,いろいろな楽器で鳴き声の部分を演奏しながら歌うことができる。

8 夕やけこやけ

中村雨紅 作詞 / 草川 信 作曲

【解説】 作曲の草川信（1893〜1948）は《どこかで春が》《汽車ポッポ》《お山の大将》《ゆりかごの歌》などの童謡作曲家。大正12年,彼の曲譜集『あたらしい童謡』に発表された。作詞の中村雨紅（1897〜1972）は東京の小学校の教員であった,童謡詩人。父は宮尾神社の宮司。4つのフレーズからなる二部形式。2つ目と4つ目のフレーズの最後の音が上に跳躍しているのが特徴的。子どもの生活感情に合った歌なので,情景を思い浮かべやすく,フレーズのまとまりをとらえやすい。前奏から,お寺の鐘の響きをイメージすることができる。

9 うさぎ

日本古謡 / 渋谷沢兆 編曲

【解説】1820年,文政3年に僧の行智の『童謡集』に筆録され,江戸時代から歌われてきたわらべうたである。唱歌教育のために設けられた音楽取調掛の伊沢修二が明治25年に作った教科書「小学唱歌」の二巻に「俗楽調」教材として取り上げた。十五夜の季節の行事と関連している。日本の音階でできており,独特の雰囲気がある。2組に分かれて身体表現しながら問答をすることもできる。

10 茶つみ

文部省唱歌

【解説】 文部省唱歌。作詞,作曲者不詳。明治45年「尋常小学唱歌(三)」に掲載される。「八十八夜」が立春から数えて八十八日目,茶畑での茶摘みの様子は,五月の季節の歌であるとともに,生活,仕事を意識して取り上げられたと思われる。長音階であるが「四七ぬき音階」(ファ,シがない)なので日本風に感じる。abacの二部形式。同型のリズムが繰り返され,歌いやすい。歌い出しに「せっせっせ〜」をつけ,手合わせうたとして親しまれる。

歌唱共通教材の研究《茶つみ》

11 春の小川

文部省唱歌 / 高野辰之 作詞 / 岡野貞一 作曲

【解説】大正元年,「尋常小学唱歌(四)」に発表された。作詞作曲,高野辰之,岡野貞一のコンビの一曲。この小川は高野がよく歩いた東京の代々木が原を流れる河骨川といわれる。現在は下水道になってしまった。渋谷区代々木に歌碑がある。原曲は3番まであり「さらさらいくよ」「ささやきながら」は,「さらさら流る」「ささやく如く」であった。1947年に現在の歌詞となる。aa′ba′の二部形式で,淡々としたリズムでa(a′)の旋律が3回繰り返されるので,覚えやすく,階名で歌いやすい。

12 ふじ山

文部省唱歌 / 巖谷小波 作詞

【解説】 明治43年「尋常小学読本唱歌」に《ふじの山》の題で掲載された文部省唱歌。明治44年「尋常小学唱歌（二）」では題名が《富士山》になり，昭和52年，歌唱共通教材では《ふじ山》として掲載される。作詞は日本の児童文学の父といわれる巖谷小波（1870〜1933）。作曲者不詳。何度も出る付点のリズム（♩. ♪ ♩ ♩）が特徴的。どのフレーズも最後が伸びているので，そこに合の手を入れ，音を重ねることもできる。最後のフレーズの頭に山場がくる。富士山の美しく，堂々とした姿を思い浮かべ，曲の山場をめざして歌おう。

13 さくらさくら

日本古謡

【解説】江戸時代から歌い継がれた日本古謡。明治21年,音楽取調掛で編詞・編曲され,昭和16年に教科書「うたのほん(下)」で,現在の作品に改められた。2＋4＋4＋2＋2小節の楽節形式。陰旋法による美しいなめらかな動きの旋律で,結びの2小節に移る箇所は,例外的に5度の跳躍音程を含む。8分音符が動く「さとーも」等,長音符(ー)によるメリスマ(歌詞の1音節に2つ以上の音符を用いる)的な旋律の動きが,日本的な風情を感じさせる。

14 とんび

葛原しげる 作詞 ／ 梁田　貞 作曲

【解説】気流をとらえ回りながら上昇するとんびが,大空を舞う姿を表した作品。跳躍の多い旋律から,とんびが風に乗ってのびのびと飛ぶ姿が想像できる。ファとシを除く5音音階の上行型は段々強く（クレシェンド）,下行型では段々弱く（デクレシェンド）で,旋律の動きと強弱の変化が一致。「ピンヨロー」のエコーは空間の広がりを感じさせ,遠近感の表現も考えられる。ハ長調, 4／4拍子, A（aa'）・B（ba''）の二部形式。

歌唱共通教材の研究《とんび》

15 まきばの朝

文部省唱歌 / 船橋栄吉 作曲

【解説】明治43年,杉村楚人冠が,福島県岩瀬牧場の美しい朝の景色の感動を表したとされる作品。作曲は船橋栄吉。文部省唱歌「新訂尋常小学唱歌 第4学年」(昭和7年)所収。早朝から日の出までの情景の移り変わりを描いた歌詞に即して,5つの異なるフレーズで構成されている。「うっすりと」は「うっすらと」,「黒いそこから」は「暗いおくの方から」,「日のかげ」は「日の光」,「野ずえ」は「野のはずれ」を意味する。ハ長調,4/4拍子,A(ab)・B(cd)・コーダの二部形式。

16 もみじ

文部省唱歌 / 高野辰之 作詞 / 岡野貞一 作曲

【解説】 日本の秋の情景「もみじ」を歌い，多くの人々に親しまれてきた作品。情景を思い浮かべ，響きを感じて合唱でき，形式感がはっきりしている。第1〜第4フレーズは，1小節目のリズムが同型。後半もこのリズム（♩♫♩♩）が中心となり，統一感を保つ。「まつをいろどる」は「まつの緑に別の色をそえている」，「すそもよう」は「着物のすそにつけたもよう」，「ちりうく」は「ちってうかぶ」，「にしき」は「金や銀の糸が入った美しいきぬおり物」を意味する。

17 こいのぼり

文部省唱歌

【解説】大正2年,文部省発行「尋常小学唱歌(五)」に初めて紹介された。江戸時代中期以降,災厄を避けるための行事「端午(たんご)の節句」が,「こいのぼり」を揚げ,子供たちの健康と発展を祝う行事に変化してきた。付点8分音符＋16分音符のリズムが,「いーらーか」のように長音符(ー)を伴い,メリスマ(歌詞の1音節に2つ以上の音符を用いる)的に動き,「こいのぼり」が青空に泳ぐ様子が想像できる。音階の第7音を省いた旋律が,日本的な風情を漂わせている。

18 スキーの歌

文部省唱歌 / 林 柳波 作詞 / 橋本国彦 作曲

【解説】雪景色の中,さっそうとスキーを滑らせる心境を表した作品。第1・第2・第4フレーズでは,前半が付点8分音符+16分音符のはずむリズムで始まる上行型,後半がなめらかな下行型を含むパッセージ。第3フレーズは,歌い出しが4拍目からで,和らいだ表情である。第5フレーズはアクセントを伴って曲尾に向かう。作品全体を通して,強弱に留意した表現が考えられる。「日のかげ」は「日の光」,「はゆる」は「照り輝いて見える」を意味する。

歌唱共通教材の研究《スキーの歌》

19 子もり歌

日本古謡 / 渋谷沢兆 編曲

【解説】日本古謡である《子もり歌》は,わらべうたと民謡の中間に位置するとされる。幼児を寝かせつけるための「眠らせうた」と,幼い子供をあやして遊ばせるための「遊ばせうた」がある。前者は民謡と比べ音域が狭くリズムが拍節的,後者はわらべうたのように単純な形式をもつ場合が多い。陰旋法によるふしは東京地方を中心に,陽旋法によるふしは広く全国で歌い継がれてきた。《子もり歌》の背景には,習慣の違う土地の人々の様々な生活が息づいているとされる。

20 冬げしき

文部省唱歌

【解説】 大正2年,文部省が発行した教科書「尋常小学唱歌(五)」で初めて紹介された。文語調の歌詞に,日本の冬景色を歌った作品。1番の歌詞の内容は,港の船に霜が降り,水鳥のみがさえずり,人は眠っている冬の朝の情景。2番は,カラスが樹木で鳴き,人は麦踏みをする,のどかな春を思わせるような冬の田園風景。3番は,夕方嵐になり,通り雨が降って夜になる。点在する家々から灯りが見える冬の夕暮れ。ヘ長調,3/4拍子。特定の旋律が反復しない二部形式。旋律線の方向がはっきりしている。

21 越天楽今様

日本古謡 / 慈鎮和尚 作歌 / 下総皖一 伴奏

【解説】《越天楽》は,「雅楽」という日本古来の音楽や舞楽,催馬楽や朗詠を含めた芸術音楽の中で,管絃として最もよく知られた作品。管絃は,唐楽特有の演奏様式である。《越天楽今様》は,《越天楽》のふしに,「今様」の歌詞を付けて歌われた。旋律は律の音階である。「今様」とは,「今ふうの新しい」という意味である。雅やかな旋律を伴った端正な楽曲形式。花鳥風月を愛でる詩を通して,平安時代に生きた貴族の優雅な世界を垣間見ることができる。

22 おぼろ月夜

文部省唱歌 / 高野辰之 作詞 / 岡野貞一 作曲

【解説】大正3年,文部省が発行した教科書「尋常小学唱歌（六）」で初めて紹介された。作詞者・高野辰之が過ごした信州飯山市の田園風景が描かれている。作曲者は,岡野貞一。基本的にへ音とロ音を除く「四七ぬき音階」で構成。「なのはなばたけーに」等,長音符（ー）のメリスマ(歌詞の1音節に2つ以上の音符を用いる)的な旋律の動きが,日本的な印象を与える。「入り日うすれ」は「夕日の色がうすくなり」,「においあわし」は「ほんのりと明るい」,「里わのほかげ」は「村の明かり」を意味する。

23 ふるさと

文部省唱歌 / 高野辰之 作詞 / 岡野貞一 作曲

【解説】「尋常小学唱歌（六）」（大正3年）所収。文語体の歌詞に，自然な動きで旋律が伴う。1番では子供時代のなつかしい思い出，2番ではしばらく会っていない人々への想い，3番では将来への決意を表している。3度音程を軸とした二部合唱の編曲。ヘ長調，3/4拍子。A（aa'）・B（ba''）の二部形式。3段目の「b」で旋律線の動きが目立つ。「いかにいます」は「どうしていらっしゃるだろう」，「つつがなしや」は「無事でいるだろうか」，「友がき」は「友だち」を意味する。

142 第4章 歌唱共通教材の研究《ふるさと》

24 われは海の子

文部省唱歌

【解説】 明治43年,文部省から刊行された「尋常小学読本唱歌」に初めて掲載された。五七調定型詩の文語体の歌詞に,叙情的な旋律が伴う。二長調, 4/4拍子, A(ab)・B(cb)の二部形式。ABともに低音から上行し,大きな起伏の旋律の動きが特徴的。それに伴った強弱表現に打ち寄せる波が想像できる。「とまや」は「かやなどの草で屋根が作られている家」,「いそのか」は「いそのかおり」,「いみじき楽」は「すばらしい音楽」を意味する。

25 君が代

古謡／林　広守作曲

き　み　が　ー　よ　ー　は　　ち　よ　に　ー　ー　や　ち　よ　に

さ　ざ　れ　　　い　し　の　　い　わ　お　と　　な　り　て

こ　け　の　　む　ー　す　ー　ま　ー　ー　で

【解説】歌詞の起源は，紀貫之が編纂した『古今和歌集』に由来するという定説がある。以下，①から③のように，3度作曲された。①薩摩藩軍楽隊に軍楽を教えていたJ.ウィリアム・フェントン(イギリス)が作曲し，1870年に発表した。　②林広守撰譜としての壱越調律旋の作品を，エッケルト(ドイツ)が編曲し，1880年に発表した。これが現在，演奏されている《君が代》である。　③音楽取調掛編纂の「小学唱歌集」の初編に，イギリスのメロディーを使って1882年に発表した。

(1〜12 笠井かほる，　13〜25 島川香織執筆)

【参考文献】
1〜12(笠井かほる担当)について
上笙一郎編（2005）『日本童謡事典』東京堂出版
市川都志春ほか（1996）『小学生のおんがく1指導書』教育芸術社
市川都志春ほか（1996）『小学生の音楽2指導書』教育芸術社
市川都志春ほか（1996）『小学生の音楽3指導書』教育芸術社
東京新聞（2008.11.7）「"春の小川"復活30年計画」
『新訂　標準音楽辞典』（1991）音楽之友社
『音楽中辞典』（1979）音楽之友社
与田準一編（1957）『日本童謡集』岩波書店
金田一春彦・安西愛子編（1979）『日本の唱歌（中）大正・昭和編』講談社
堀内敬三・井上武士編（1958）『日本唱歌集』岩波書店
初等科音楽教育研究会編（2004）『改訂新版 初等科音楽教育法 小学校教員養成課程用』音楽之友社
服部公一（1995）『子どもの歌がわかる本』チャイルド社
『新訂 尋常小学唱歌』第1〜6年用 復刻版（1932）文部省
三浦朱門ほか 全国実行委員編（1991）「日本のうた ふるさとのうた」『NHK日本のうた ふるさとのうた100曲』講談社

13〜25(島川香織担当)について
湯山昭ほか（2005）「新編 新しい音楽4〜6 教師用指導書 指導編・研究編」東京書籍
三善晃ほか（2005）「小学音楽 音楽のおくりもの4〜6 教師用指導書 実践編・研究編」教育出版

第 5 章
音楽科における関連と連携

Ⅰ．カリキュラム・マネジメント

1．カリキュラム・マネジメントとは
（1）カリキュラム・マネジメント
　カリキュラム・マネジメントとは，子どもたちや地域の実情等を踏まえて各学校が編成した教育課程（カリキュラム）を実施，検証・評価，改善する一連の営みである。

　カリキュラム・マネジメントのねらいは，①卒業までに子どもが身につける資質・能力の学校全体での共有に向けて，一体的な実施体制を構築すること，②今まで以上に客観的に検証する手立てを示し，その検証結果を改善に生かす仕組みをつくることである。つまり，カリキュラム・マネジメントでは，学校が全国的に画一的な教育課程を実施するのではなく，学校が地域や児童の実態をよく把握し，それに適した教育課程をそれぞれに編成すること，そして編成した教育課程をきちんと実践・検証し，つぎに改善につなげることが重視されている。

　そこで教師は，カリキュラムを実施するだけでなく，編成，検証・評価，改善する視点をもつことが求められる。例えば，「感じたことを言葉にするという力」の育成が学校の特色や強みを生かした目標ならば，音楽科に限らず，国語や算数，理科や社会，道徳などすべての授業で育成できるように編成し，それを共有し，教師自らの手でそれぞれの授業にどう関連付けるか，子どもたちの経験をつぎにどうつなげるかを考え，改善し続けるということが必要とされる。

（2）カリキュラム・マネジメント登場の背景
　21世紀の学校教育では，断片的な知識・技能の蓄積ではなく，思考力の育成が求められてきている。各教科の指導において深く思考するための教育実践が展開されるには教育課程の改善が必要であり，そのためのカリキュラム・マネジメントが不可欠だという視点が出された。[1]

（3）教科内容の明確化と関連付け
　思考力育成に向けて各教科の指導を効果的に行うためには，教科内容を明確にし，教科横断的な視点をもつことが要点となる。そのことによって児童の学習経験に連続性がそなわる。

　例えば学校全体の各教科等の指導内容が一目でわかるような年間指導計画を作成すれば，教師は各教科等の内容の相互関連を意識して指導することが可能となる。学校全体の年間指導計画に音楽科が参加するには，ただ楽曲を歌わせるという計画ではなく，歌うことを通して何を指導するのかという指導内容を明確にすることが求められる。

　教科での指導内容を明確にし，教育課程の教科横断的な面と教科内での系統的な面を視野に入れた教育課程表を作成することが課題となる。それにより「総合的な学習の時間」や言語活動と各教科等の内容との関連付けが可能となる。

（4）ＰＤＣＡサイクルの確立
　編成したカリキュラムは検証される必要がある。検証するには目標を意識しなくてはならない。卒業時にどういう子どもを育てたいか，そのために各教科の教育内容を相互にどう関連付けるか，教育課程全体を通して考えることが大切である。

　効果的な学習を実現するためには，到達目標に至るまでの各段階における子どもの姿を具体的にイメージし，学習が効果的に行われているかの判断基準としてルーブリック評価などをつくることが考えられる。学習状況を子どもと教師が共有して検証し，その検証結果に応じて時間の配分や指導法を変更する必要がある。

（5）社会に開かれた教育課程
　学校を社会に開かれたものにするため，地域の特色・資源を活用して地域の人々と協働する視点を教育課程に組み入れることが求められる。

（坂本曉美）

2．「総合的な学習の時間」との関連
（1）「総合的な学習の時間」
　総合的な学習では，正解が存在しないような課題に対して探究を進め，考え，振り返り，粘り強く問い続けていく絶えざる探究思考の育成

が目指されている。子どもが「探究的な見方・考え方」を働かせるには，次の３点に留意する必要がある。①学校の教育目標につながる探究課題を設定する，②教科等横断的な学習を行う，③日常生活や社会とのかかわりを重視する。

１）探究課題の設定

　総合的な学習ではこういう課題を設定しなければならないというきまりはない。各学校が教科等の枠を超えて探究する価値のある探究課題を，自分たちで設定するのである。例えば，国際理解，情報，環境，福祉・健康などの課題（世界の民謡・労働歌，地球温暖化と再利用，命についてなど），伝統や文化などに関する課題（唱歌や民謡，郷土に伝わる伝統的な行事，和楽器など），子どもの生活経験にかかわる課題（地域の遊び場，防災，ボランティア活動など）がある。大事なことは，「なぜだろう」といった素朴な疑問や「もっと知りたい」という子どもの興味を引き出し，課題につなげて考えることである。

２）教科等横断的な学習

　教科等横断的な学習を行うことで，各教科での学びが，目の前の課題の解決に役立つということを認識させる。教科を超えて働く力が，教科を超えた新たな課題を解決する力になる。例えば，「百舌鳥・古市古墳群を世界にアピールするにはどうすればいいか」という探究課題の場合，社会科では，世界遺産に登録する理由を調べたり外国の世界遺産について調査したりする。国語科では，地域に残る民話をもとに，古墳の成り立ちを紙芝居にしてわかりやすく伝える。図工科では，古墳を他の地域の人にアピールするパンフレットやポスターを作成する。音楽科では，古墳の映像につける音楽（コマーシャル・ソング）を創ったり，古墳時代の人々の暮らしを音楽劇やミュージカルにしたりするなど，まとまりのある音楽表現に構成することを考える。

３）日常生活や社会とのかかわり

　探究課題が深い学びとなるには，それが子どもたちの生活実感と結びついている必要がある。音楽表現は，日常生活や社会の人やモノとかかわりをもつことで生まれる。授業では，写真や映像などを用い，疑似体験的な活動から生活や社会とのかかわりを考える。加えて，音楽を生み出す人や表現する人，音楽を伝えたい人などと直接かかわる経験をすることも必要である。例えば，地域の外国の人と協働作業をしたり，障がいのある子どもや外国籍の子ども，震災にあった子どもとの交流を通してコミュニケーションをとったりする機会などを設定する。その際，学んだことが生活や社会に生きる経験につながっていたか検証する方法を考える。

（２）音楽科を総合的な学習に関連させる意味

　探究学習の内容が音楽表現を生み出す際のイメージの源となるとともに，音楽表現を生み出すことで探究学習の過程が感情を伴ったより深い体験となる。例えば，運動会や行事でにぎやかに踊る《ソーラン節》の歴史を調べるうちに，極寒の中，過酷なニシン漁でお互いを奮い立たせるために歌われた労働歌であることを知る。漁をする側の思いや感情，家で待つ家族の気持ちなどを考える中で，自分の思いだけでなく社会の生活感情をも音楽の諸要素とつなげて表現することができるようになる。

　「総合的な学習の時間」における音楽科の活動を考える際は，調べたり考えたり探究する時に，感じたことを音楽表現活動に構成させることがカギになる。　　　　　　　　　（坂本曉美）

３．他教科との関連

　小学校教育においては，音楽科以外にも国語科，算数科，図画工作科，というように様々な教科がある。各教科の学習が相互に関連づけられることで子どもの学びは広がり深まることが期待される。では，音楽科とそれ以外の教科をどのように関連づけることができるのだろうか。[2]

（１）音楽科から他教科へ

　１つ目は，音楽科を核にして他教科との関連を図った学習である。例えば，《茶つみ》（文部省唱歌）の歌唱の学習で，他教科と関連づけた学習を考えてみよう。

```
夏も近づく八十八夜　　　野にも山にも若葉がしげる
あれに見えるは茶つみじゃないか
あかねだすきにすげのかさ　　　　（《茶つみ》歌詞）
```

《茶つみ》の歌は，旋律も簡単で覚えやすく，手合わせをして遊ぶこともできるので，子どもたちが親しみやすい歌である。しかし，「茶つみ」そのものがどういうものかを知っている子どもは少なく，具体的なイメージをもって歌うことは難しい。そこで，他教科との関連を図ることで，「茶つみ」はどんなものかつかませ，歌の背景を知らせることができる。

「八十八夜ってどういうことだろう？」，「あかねだすきって何？」，「すげのかさってどんなかさかな？」といったように，歌ってみてわかりにくかった言葉をあげさせる。そして，国語科でそれらの意味について調べることで「八十八夜」は立春から数えて八十八日目をさすことや，「あかねだすき」は茶つみをするときの服装に関するものであることなどを知ることができる。また，全員で歌詞を音読することで「なつもちかづく」，「はちじゅうはちや」と7文字の繰り返しの歌詞であることにも気づくことができる。

さらに，茶畑を見たことがない子どもや，茶つみの様子を知らない子どももいることから，社会科で，茶畑や茶つみの様子を写真や映像でみせたり，お茶の産地を調べたりする。理科では，お茶の葉っぱの種類を調べたり，実際にお茶の葉っぱを手にしてその手触りやにおい等を確かめたりすることもできる。

このように，音楽科の学習を出発点として国語科，社会科，理科などと関連させることで，子どもは音楽科の学習だけでは見えてこなかった曲の背景を知ることができる。背景を知ることで具体的なイメージがもて，イメージを表現するために自ら歌い方を工夫できるようになる。

（2）他教科から音楽科へ

2つ目は，他教科から音楽科への関連を図った学習である。例えば，理科で学習した水の三態変化（氷・水・水蒸気）から水の音楽づくりをした実践がある。理科で水を凍らせていく実験と，水を沸騰させる実験をし，それぞれの温度や様子など変化の過程をワークシートに書きとめさせる。その理科の学習をもとに，音楽科で

は実験で印象に残った場面を音で表す，という音楽づくりの活動につなぐのである。

まずは，子どもたちに水が凍る場面はどんな感じだったか，どんな音にしたいか考えさせる。水が凍る時には霜がついて全体的に冷たくなっていったことから，ある子どもは「ちょっと高くて冷たくて不思議な音がほしい」と考え鈴を振ることにした。さらに，別のグループは沸騰する様子について，タンバリンで「もあもあ」とした様子を，ペットボトルと太鼓を叩くことで「はげしい泡」を表現した。さらに，強弱や速度，リズムなども工夫し，水が変化する過程を音楽で表現していった。

このように，理科の実験で経験した数字で表せない側面，すなわち「○○のような感じ」という質の側面を音で表現する活動につなぐことで，音楽科の学習をよりリアルなものにできる。

(廣津友香)

4．地域との連携
（1）地域と連携したカリキュラムデザイン

カリキュラムデザインを行うにあたり，「学校」「地域」「保護者」が，子どもたちの学びを共有し，連携・協働することは，欠かすことのできない視点である。

音楽科における地域と連携した教育として，「郷土の伝統音楽」を教材とした教育がある。子どもたちの生活する地域の音楽を教材とした授業を構成することは，自らの生活経験を活かした音楽表現につながりやすい。音や音楽と自分との関わりを築きながら，生活や社会の中の音や音楽の働きについての意識を深める学習にすることができる。ここでは，子どもたちの生活する地域の伝統芸能（「郷土の音楽」と呼ぶ）の教材化を例にして，音楽科における地域との連携の形を示す。教材化にあたっては，音楽だけを対象にするのではなく，その地域の風土や歴史や文化等の自然的，文化的背景を含めることが必須となる。よって，地域で実際に伝承をされている伝承者と共に協働で授業づくりを行っていくことが有用である。教材化にあたっては，以下の5つの視点が挙げられる。

148　第5章　音楽科における関連と連携

①地域教材フィールドワーク
②伝承者によるワークショップ
③伝承者との協働による指導内容の抽出
④伝承者との協働による授業構成
⑤教材の特性を踏まえた授業空間づくり

（2）実践事例：「御田植神事における音楽の教材化」

① 地域教材フィールドワーク

まず，郷土の音楽を，文献調査や地域の祭事に参加して発掘・調査する。事例では，子どもたちにとって身近な存在である神社で400年ほど前から伝承されている「御田植神事」という年中行事があり，そこで田楽を起源とする音楽が奏されていることを知った。神社に実際に出向き，御田植神事において「シテ」を演じている伝承者である地域の方を紹介していただいた。

② 伝承者によるワークショップ

つぎに，伝承者によるワークショップを企画する。そのとき授業での子どもの活動を想定し，教師が子どもと同じような活動を実際に行ってみることが重要となる。事例では，教師が実際にパフォーマンスを体験する中で疑問に思ったことを伝承者に質問するという対話型形式をとった。

③ 伝承者との協働による指導内容の抽出

郷土の音楽を教材とするには，音楽科の授業として指導内容を何と設定するかが重要となる。教師がワークショップで教材を体験することにより，その音楽のよさがどこにあるかを実感したうえで，その音楽を特徴付けている要素を抽出する。要素の抽出に際しても，伝承者が最もよいと思って演じている点や心配りをしている点など，伝承者との対話が重要となる。

④ 伝承者との協働による授業構成

授業では可能であれば伝承者をゲストティーチャーとして招きたい。パフォーマンスの真正性の保証，そして伝承者の思いを直に聞けること等，すべてが貴重な教材となる。しかしともすれば，伝承者からお話を聞いたり，演技指導を受けたりという一方向の受身の授業になりや

すい。そうではなく，子どもたちが「知りたい」「なぜだろう」と感じたことから，伝承者・教師・子どもたちの3者による協働的な対話を進め，子どもたちの関心をもったところや気付きを学びにつなげていくことが重要である。音楽科における学びとして，何をおさえ，またそこにどのように他の気付きをつなげていくか，事前に地域の方と入念に打ち合わせを行い，子どもの気付きに合わせ，指導内容を取り上げていくことができるようにする。

⑤ 教材の特性を踏まえた授業空間づくり

郷土の音楽の特性を踏まえ，その伝承空間を再現することで，子どもたちがその音楽を自然的，文化的背景をも含めて全体として味わうことができる。例えば教室を実際に儀式が行われている場所に見立て，「シテ」「地方（じかた）」「聴衆」の役割に応じて区割りをし，それぞれの役割になりきってパフォーマンスができるようにする。このような空間演出により《御田植神事》が伝承されてきた自然的，文化的な背景と「所作」と「謡い」を一体として味わうことができると考えられる。

以上のように地域と連携したカリキュラムをデザインすることは，学校の授業を核として学習を広がりのあるものとし，同時に子どもたちに地域との共存意識を育てるものとなる。　（椿本恵子）

【参考文献】
◎ 平成29年告示学習指導要領
◎『小学校学習指導要領解説　総合的な学習の時間編』(2017)

【注】
1)　2014年11月中央教育審議会諮問
2)　日本学校音楽教育実践学会(2018)「生成の原理による授業づくりプロジェクト」『学校音楽教育実践論集』第2号，日本学校音楽教育実践学会(2002)『音楽科と他教科とのかかわり』音楽之友社

Ⅱ．小学校と幼稚園，及び中学校とのつながり

1．幼稚園・保育所・認定こども園と小学校とのつながり

　我が国では，幼児期の教育は生涯にわたる人格形成の基礎を培う重要な教育と位置づけられている。幼児教育の教育課程は五領域（「健康」「人間関係」「環境」「言葉」「表現」）で構成され，このうち小学校音楽科の内容と直接つながりをもつのは「表現」である。

　領域「表現」は，幼児が身近な周囲の環境とかかわるなかで，不思議さや面白さ，美しさや優しさを感じ考えるといった心の動きを外に出すことを楽しむ内容となっている。そこでは幼児の表現の結果ではなく過程が重視されている。

　ここでは，幼児が領域「表現」で経験してきたことをどうすれば小学校音楽科につなぐことができるのか，特に低学年に焦点を当て，3つの点から示したい。

（1）指導計画の柔軟性

　幼児が小学校入学時に戸惑うことのひとつに，活動の枠組みがある。幼児教育では，幼児の興味・関心に即した活動を行うことが重視されているため，幼児の活動が盛り上がれば予定していた時間を延長し，逆にこれ以上の発展が見込めない場合は別の活動を組み入れるなど，臨機応変な対応が可能である。

　小学校では各単元に指導内容があるので，ともすれば授業者は「指導内容を教えなくては」という意識をもってしまう。しかし，子どもの関心を指導内容や教材に向けさせようとするのではなく，子どもの関心に応じて指導内容や教材を変更する姿勢をもちたい。

　例えば《ぶんぶんぶん》で「リズム」を指導内容としていたとする。しかし子どもはリズムをたたくことに関心をもたないで，「おいけのまわりに～」でハチの真似をしてくるくる回り出す。そこで授業者は活動を身体表現に変えて，ＡＢＡ形式でＡが最後にもどってくるという「Ａの反復」を指導内容にすることもできる。子どもの関心の在りどころを見極め，それに応じて指導計画を変えていくことが求められる。

（2）教材と生活とのつながり

　幼児教育では，表現とは外から教えられるものではなく，幼児自身が生活のなかで心を動かすことが表現を生み出すとされている。例えば，お母さんになりきった幼児がぬいぐるみを赤ちゃんに見立てておんぶし「寝んね～」と歌うことがある。この「寝んね～」の歌唱表現には，生活のなかで赤ちゃんを観察することを通して「すぐ眠たくなるんだな」，「よく泣くから優しくしてあげよう」，「お母さんはずっとお世話するんだ」と感じ考えた心の動きがあると察せられる。このように幼児の音楽表現は，生活との結びつきが直接的であるところに特徴がある。

　それに対して，小学校では教科書に載っている楽曲を教材とすることが多く，音楽表現を子どもの生活と関係なく扱う傾向が強い。しかし，小学校においても表現を外から教えるものではなく，子どもの生活から生まれるものと捉える必要がある。なぜなら，小学校の表現活動で重視されている子どもの「思いや意図」は，楽曲の構造と子どもが生活のなかで経験した感情やイメージとの関係からくるものだからである。

　例えば，花が開いたりつぼんだりする様子を表す《ひらいた　ひらいた》を歌唱するとき，子どもの生活経験を想起させる。「元気に咲いてきれいだな」，「しぼんじゃってかわいそう」といった感情が思い出されるだろう。《ひらいた　ひらいた》の「呼びかけとこたえ」という楽曲の仕組みを意識して歌うとき，「開いたよ！とこたえるように元気よく歌おう」，「つぼんでしまって悲しい感じが伝わるように歌おう」というように「思いや意図」を音楽表現につなげるようにしたい。

（3）媒体を関連させた表現のための環境構成

　幼児期の発達段階の特徴として，表現するときに使う媒体が未分化であることが挙げられる。例えば，ダンゴムシが丸まった様子を伝えるために「まん丸！」と言いながらダンゴムシになりきって身体を丸めたり，ヘビを描きながら「クネクネ～」，「ニョロニョロ～」と歌ったりすることがある。このように，幼児の表現では，色や形，音，身体，言葉という媒体が独立してではなく，未分化のまま使われることが多い。幼

児教育では，このような表現を受け止め，表現を総合的に扱うことが求められる。そのため活動のねらいに即して机や椅子を撤去して自由に動き回ることのできる場を設定したり，椅子を円形に配置し互いの言動を見合うことができる状況をつくったりする。

　一方，小学校では一般的に机と椅子を固定し，常に一方向を向いて活動を行うことが多い。しかし，小学校音楽科においても，鑑賞で音楽から感じたことを身体で表現したり，色や形で表現したり，歌唱でわらべうたを遊びながら歌ったりする活動が求められる。各活動のねらいに即して，子どもが表現媒体をかかわらせて活動できるような環境構成をすることが大切である。

（小林佐知子）

２．小学校と中学校とのつながり

　学習指導要領では，目標の立て方から，音楽活動の分野，そして指導内容の体系まで，小学校と中学校の音楽学習は基本的に同じ枠組みで考えられている。

（１）〔共通事項〕のつながり

　平成20年告示の学習指導要領で登場した〔共通事項〕は，平成29年告示の学習指導要領にも引き継がれている。〔共通事項〕で示されている音楽を形づくる要素は，基本的に小学校も中学校も同じである。では，小学校から中学校ではどのように学習が発展していくのか。リズムという要素を例にとれば，四分音符が主となる単純なリズム・パターンから，付点のリズム・パターンやシンコペーションのような複雑なリズム・パターンを扱うように発展する。旋律という要素では，明白な上行下行の音の動きから，旋律線の方向性，旋律の装飾等，多様で細かい音のつながり方を扱うように発展する。義務教育9年間を通して，音楽の諸要素に関する概念をスパイラル的に発展させていくことで学びを積み上げていくことが必要である。

（２）生活や社会の中の音楽

　音楽科の教科目標は小学校と中学校とではほぼ同じ内容であるが，中学校には小学校の目標に見られない「音楽文化」という言葉がある。

　音楽文化は，音楽が生み出される背景（音楽の文化的側面）と密接にかかわる。音楽が生み出される背景には，音楽を生み出してきた人間が育つ環境としての風土・文化・歴史等がある。つまり，音楽はその音楽を生み出す人間が暮らす生活や社会と強い関連をもつといえる。例えば，子どもの生活に着目すると，遊びながら歌うわらべうた，通りから聞こえてくる売り声，お祭りの音楽，ＣＭソングやお祝いの歌など生活の中の様々な音楽の存在が見えてくる。

　小学校においても「生活や社会の中の音や音楽」と豊かに関わる資質・能力を育成することが教科目標に掲げられている。小学校段階から，生活や社会の中にある音や音楽に耳を傾け，意味を見いだすような活動を積み上げていくことが重要である。このことは，子どもにとって身近ではない古典音楽や諸外国の音楽のような，時間や場所が離れたところで生み出された音楽に対しても，その時代のその国の人たちが生み出してきた音楽であると理解していくことにつながるであろう。そして，生活や社会の中の音楽と豊かに関わる学習の発展として，中学校段階では世界の様々な音楽文化の多様性を理解することが求められていく。

（３）小中９年間を見通した音楽カリキュラム

　小学校から中学校までの義務教育9年間を見通したカリキュラムを構築することは，子どもの学びをより密度の高いものにする。そのためには，小学校と中学校での音楽学習で目指す子どもの姿を具体的にすることが必要である。小学校卒業時に，何を理解し，どこまでできるようになっているかを想定することで，中学校での学びの設計はより豊かなものになる。

　例えば，大阪教育大学と附属平野小・中学校で開発・実践された「義務教育9年間の和楽器合奏プログラム」では，和楽器合奏という限定された内容ではあるが，小・中学校が連続した系統性を持って音楽経験を発展させていけるように考えられている。低学年では，和楽器である箏の音探究から始め，音をつなげたり組み合わせたりして，旋律を演奏していく。箏での演奏に，竹を素材とした打ち物（打楽器）で音を重

ねていき，中学校では篠笛・三味線も加わる。

　9年間のスパンで音楽経験を積み重ね発展させていくことで，音楽学習の可能性は広がっていく。公立学校でも小中連携が進められるようになってきた。小学校・中学校の教員が共同でカリキュラムを考えるなど，相互に関わって，学びを設計していくことが大切である。（小川由美）

3．インクルーシブ教育

　インクルーシブ教育とは，障がいの有無や程度にかかわらず子どもがお互いの個性を尊重しながら学び合い共に育つことができる環境をつくることを通して共生社会を実現しようとする教育理念である。ここでは「合理的配慮」「個に応じた支援の継続性」「特性の理解」の点から音楽科授業での具体例を示す。

（1）合理的配慮

　障がいに関して特別な教育的ニーズをもつ子どもにとって望ましい学習環境や指導を考慮することを「合理的配慮」と言う。合理的配慮は，施設・設備，教育内容・方法，支援体制の3つの視点で検討される必要がある。

①施設・設備　肢体不自由のある児童の入学が予定される場合は予めクラスルーム−音楽室間の移動の動線を確認し段差や危険箇所のチェックと可能な限りのバリアフリー化など環境を整備する。視覚障害の児童のために拡大教科書や書画カメラを使用する。障がいに応じた施設・設備の充実に向けて豊富なノウハウの蓄積がある特別支援学校と連携する。

②教育内容・方法　手指欠損や麻痺の児童もリコーダーの演奏が楽しめるように演奏補助シールを活用したり無理のない運指ができるように編曲したりする。特定の色を知覚しにくい児童がいることを想定し板書で使用する色チョークを吟味し色以外にも下線や飾り枠などを活用した板書を工夫する。聴覚や言語よりも視覚や映像での認知が相対的に優位な自閉症スペクトラムなどの児童の場合，音楽を聴いて知覚・感受したことを図形で表す図形楽譜づくりによる音楽鑑賞活動によって主体的に学ぶことができる。

③支援体制　知的障害学級に在籍する児童が交流学級の音楽科授業に参加する場合，一つ一つの行動に時間がかかったり不安を言語化しづらいことからパニックを起こしたりすることがある。そこで特別支援学級担任は日頃から音楽科担当教師と情報交換し，必要に応じて音楽科授業への入り込み支援を行う。知的障害学級の評価規準は通常学級の評価規準と異なることを前提に，音楽科授業で育てたい資質・能力の長期・短期の目標や評価規準を個別の指導計画や支援記録に記載し交流学級での音楽科授業の学習状況を評価する。

（2）個に応じた支援の継続性

　障がいのある児童が就学前教育（保育）や訓練機関においてどのように支援を受けて成長・発達してきたのか情報を共有し，個別の教育的ニーズに応じた支援を小学校においても継続させ中学校段階での支援につなげていく必要がある。そこで小学校教師はその児童が通っている就学前教育（保育）や訓練機関と連携し可能な限り入学前に支援記録に目を通したり支援保育者（訓練担当者）と直接情報交換を行ったりなど，障がいのある児童の特性や具体的な支援経験に関する情報を入手する。入学後も支援保育者（訓練担当者）による音楽科授業の参観を通して助言を得ながら支援方略を立てる。

（3）特性の理解

　発達障害の児童の多様な特性を理解し，個々の特性に応じた働きかけを創意工夫したい。例えば複数の情報の同時処理が困難な児童は伴奏を聴きながら歌ったり歌いながら踊ったり，音楽を聴きながら感じ取ったことを書いたりすることが上手くできない。そこで教師は，歌う→踊る→歌いながら踊る，聴いた後で書くなど行為を分けるとよい。言葉以外に「表情マーク」など可視化の道具を使うと自分が感じたことを表現することができる。触覚過敏の児童が手をつながなくても楽しめるようにわらべうた遊びを工夫する。　　　　　　　　（横山真理）

【参考文献】◎［p.152］国立特別支援教育総合研究所（平成25年）「インクルーシブ教育システムの構築に向けた特別な支援を必要とする児童生徒への配慮や特別な指導に関する研究 —具体的な配慮と運用に関する参考事例—」国立特別支援教育総合研究所研究成果報告書

資　料

楽典

楽典とは，音楽に関する約束事のことである。ここでは，世界でもっとも一般的に使用されている五線記譜法を中心に記す。　　　　　　　　　　　（牧野利子）

1．音の高低

（1）五線と加線

音の高低は五本の線による五線譜で表し，その中に入らない音は加線を用いて表す。

（2）ト音記号・ヘ音記号と大譜表・総譜

五線の左端に音部記号（ト音記号・ヘ音記号）を書いて音の高さを決める。二段併せて大譜表といい，ピアノやハープなどに用いる。また，多くの楽器や多声部用には総譜（スコア）を使用する。拍子や曲の区切り・終わりに縦線（小節線）・複縦線・終止線を引く。

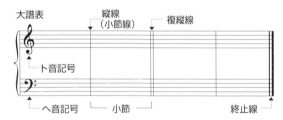

（3）鍵盤と音名

鍵盤楽器は1オクターブを12の音に均等に分け（半音），白鍵と黒鍵はそれぞれ固有の名称を持つ（音名）。これは国によって異なる。

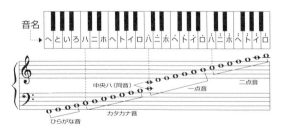

日本	ハ	ニ	ホ	ヘ	ト	イ	ロ	ハ
イタリア	Do	Re	Mi	Fa	Sol	La	Si	Do
ドイツ	C	D	E	F	G	A	H	C
アメリカ・イギリス	C	D	E	F	G	A	B	C

（4）臨時記号

音符の左側に臨時記号を付け，元の音より半音上げたり下げたりする。

♯	シャープ（嬰記号）	半音上げる
♭	フラット（変記号）	半音下げる
♮	ナチュラル（本位記号）	元の音にもどる

（5）音程

2音間の音の高さの隔たりを音程といい，度という単位で表す。同じ高さを1度とし，度数によって完全系（1,4,5,8）と，長短系（2,3,6,7）に分かれる。完全8度は1オクターブという。（下はハの上にできる音程の例）

（6）音階

2音からなるわらべうたを始めとして，5音音階・全音音階・十二音音階など，音楽の旋律を構成する音階は多種多様である。中でも西洋音楽の長音階と短音階は1オクターブの音が全音と半音の音7つで成り立っていて，最も多用されている。音部記号の右に調号を記して，調を決定付ける。

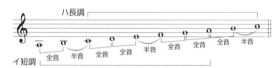

また，日本の音階はテトラコード（完全4度）の枠をもち，4種類に分類される（小泉理論）。

●都節音階（陰旋法に対応）

●律音階（陽旋法に対応）

●民謡音階

●琉球音階

（7）主要三和音とコードネーム

2つ以上の音が同時に響くことを和音といい，3度の音の重なり方により，長三和音・短三和音・減三和音・増三和音の4種類がある。この和音を英語の音名読みしたものが，コードネームである。

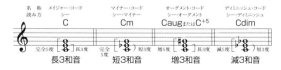

また，音階上の主音・属音・下属音上の和音を主要三和音という。

2. 音の長短
(1) 音符と休符
音の長短は音符の種類によって表し，それぞれの1.5倍の音符を付点音符という。同じ音価の休符もある。

形	名　前	形	名　前
o	全音符	━	全休符
♩.	付点2分音符	━・	付点2分休符
♩	2分音符		2分休符
♩.	付点4分音符	𝄽	付点4分休符
♩	4分音符	𝄽	4分休符
♪.	付点8分音符	𝄾	付点8分休符
♪	8分音符	𝄾	8分休符
♬	16分音符	𝄿	16分休符

＊ ━ はどんな拍子でも1小節休む意味もある。♪♪は♫とも書く。

(2) 拍・拍子
等間隔に刻まれる時間の連続を拍といい，いくつかの強弱の拍が集まって構成される音楽的な時間の単位を拍子という。調号の右側に分数の形で書き，分母は音符の種類，分子は1小節に入る数である。

単純拍子 $\frac{2}{2}$ $\frac{2}{4}$ $\frac{3}{4}$ $\frac{4}{4}$ $\frac{3}{8}$　　複合拍子 $\frac{6}{8}$ $\frac{9}{8}$ $\frac{12}{8}$

また，異なった単純拍子を組み合わせた混合拍子や拍はあっても拍子が無いものを無拍子という。

(3) 速度
曲の速さを表すのに♩=96（メトロノーム記号）を用いる。これは1分間に♩を96回打つ速さのことである。

3. 演奏記号
(1) 強弱記号

記号	*pp*	*p*	*mp*	*mf*	*f*	*ff*
読み方	ピアニッシモ	ピアノ	メゾ・ピアノ	メゾ・フォルテ	フォルテ	フォルテッシモ
意味	ごく弱く	弱く	やや弱く	やや強く	強く	ごく強く

記号	読み方	意味
cresc. ＜	クレシェンド	だんだん強く
dim. ＞	ディミヌエンド	だんだん弱く
decresc. ＞	デクレシェンド	だんだん弱く

(2) 速度標語

記号	読み方	意味
Lento	レント	遅く
Largo	ラルゴ	幅広く緩やかに
Adagio	アダージョ	緩やかに
Andante	アンダンテ	歩く速さ
Moderato	モデラート	中くらいの速さで
Allegretto	アレグレット	やや速く
Allegro	アレグロ	速く
Presto	プレスト	急速に

(3) 発想用語

記号	読み方	意味
agitato	アジタート	興奮して
amabile	アマービレ	愛らしく
brillante	ブリランテ	華やかに
cantabile	カンタービレ	歌うように
con brio	コン ブリオ	生き生きと
dolce	ドルチェ	愛らしく
espressivo	エスプレッシーボ	表情豊かに
maestoso	マエストーソ	荘厳に

(4) 奏法記号

記号	読み方	意味
♩.	スタッカート	音を短く切って演奏する
♩‾	テヌート	音を十分に保って演奏する
♩>	アクセント	その音を強調する
V	ブレス	息つぎ
♩‿♩	タイ	同じ高さの音をつないで演奏する
♩⌒♩	スラー	滑らかに演奏する

(5) 反復記号
曲を反復するときは下記の記号やD.C，D.Sを使う。

(6) 楽曲の形式
楽曲を構成する基本的な要素は，問答・反復・変化などである。それが組み立てられて，二部形式（ABまたはAABA）・三部形式（ABAまたはABA´）・ロンド形式（ABACA）・変奏曲形式・ソナタ形式となる。

音楽教育主要用語

1．学習指導要領に関する用語
（1）〔共通事項〕
●音色
音の成分から生じる感覚的特性をいう。声や楽器の音色，自然音や環境音，発声や奏法による様々な音色，組み合わせによる響き，音の表情などを含む。
●強弱
音量の程度であるが，絶対的な数値だけでなく，相対的に感じられる強さを指す。「強く，少し強く，少し弱く，弱く」「だんだん強く，だんだん弱く」「特定の音を強調して」などを含む。
●リズム
音楽の時間的なまとまりをつくったり，音楽の流れを区分したりするもの。リズムの学習では主として「リズム・パターン」を扱う。
●拍
音楽の流れの中で，等間隔で刻まれる時間の単位である。「リズム」の中に含まれる要素。音楽には「拍のある音楽」と「拍のない音楽」の二種類がある。「拍のある音楽」では，一定の間隔で拍が刻まれるので，音楽に合わせて手拍子をしたり歩いたりすることができる。ただ，表現上の意図をもって拍の間隔が延びたり縮んだりすることもある。一方「拍のない音楽」（伝統音楽の追分節など）では，一定の間隔で手拍子を打つことができない。
●拍子
「拍のある音楽」における拍の周期性のこと。拍の流れが2つの拍でまとまれば二拍子，3つの拍でまとまれば三拍子となる。
●速度
拍が等間隔で刻まれるときの拍がくり返される速さのこと。間隔が長くなれば遅くなり，短くなれば速くなる。「速い，遅い」「速くなる，遅くなる」などを含む。

●フレーズ
音楽の流れの中で，自然に区切られるまとまり。歌詞の切れ目やブレス（息継ぎ）によって区切られるまとまり，数個の音やリズムからなる小さな単位のまとまり，これらがいくつかつながった大きな単位のまとまりなどを扱う。
●旋律
音がいろいろな高さとリズムをもって連なった，音の線的つながり。メロディともいう。その要素には，旋律線のもつ方向性（上行，下行，山型，谷型など），音の動き方（音階に添って動く，音階を跳躍して動くなど），フレーズ，音階，調などがある。
●音階
ある音楽で用いられる基本的な音をおよそ1オクターブ内で高さの順に並べたもの。

長調の音階（長音階），短調の音階（短音階），日本の伝統的な音階（わらべうたや民謡の音階）などを扱う。
●調
音階の主音と音階の種類（長音階，短音階など）とを組み合わせた概念。主音がハ音の長音階をハ長調，主音がイ音の短音階をイ短調という。西洋音楽では長調と短調が代表的である。音楽づくりでは調性にとらわれない音楽を扱うこともある。
●音の重なり
複数の音が同時に鳴り響いていること。複数の旋律やリズムとの重なり，高さの異なる二つ以上の音を重ねたときの音の響き。
●和音の響き
音の重なりのうち，長調や短調などの音楽において音が重なることによって生まれる響きのこと。
●反復
リズムや旋律が繰り返される仕組み。連続してくり返される反復だけでなく，A-B-A-C-Aの「A」のように合間をおいて繰り返される反復，A-B-Aの三部形式の「A」のように再現による反復を含む。

●呼びかけとこたえ

リズムや旋律が互いに呼応する関係にあること。ある呼びかけに対して真似してこたえるもの（模倣），性格の異なった音やフレーズまたは旋律でこたえるもの（対照），短く合いの手を入れるもの（合の手），一人が呼びかけてそれに大勢がこたえるもの（コール・アンド・レスポンス）を含む。

●変化

リズムや旋律が反復した後に異なるものが続く変化，変奏のようにリズムや旋律等が少しずつ変わる変化などを含む。

●音楽の縦と横との関係

音の重なり方を縦，音楽における時間的な流れを横と考え，その縦と横の織りなす関係のこと。テクスチャーともいう。縦とは和音の響き等を指し，横とは旋律が生み出す線的な動きを指す。輪唱（カノン）のように同じ旋律をずらして重ねること，二つの異なる旋律を同時に重ねること，一つの旋律ではじまった曲に途中からもう一つ旋律を重ねることなどを含む。

（2）その他
●曲想

その音楽に固有な雰囲気や表情，味わいのこと。曲想は，音楽を形づくっている要素の関わり合いである音楽の構造によって生み出される。歌唱曲では，歌詞も曲想を生み出す重要な要素となる。

●音遊び

友だちとかかわりながら，身の回りのいろいろな音を探究し，その場で音を選んだりつなげたりして表現すること。リズムを模倣したり，言葉を唱えてリズムを打ったり，身の回りの音や身体から出る音を探したりする遊びがある。

●音を音楽に構成する

反復，呼びかけとこたえ，変化，音楽の縦と横との関係などの「音楽の仕組み」を用いながら，音やフレーズを関連付けてまとまりのある音楽にしていくこと。

●即興的な表現

あらかじめ楽譜などに示されているとおりに表現するのではなく，友だちとかかわりながら，設定した条件に基づいて，その場でいろいろな音を選択したり組み合わせたりして表現すること。例えば，自分の工夫した音を使って，友だちと音で会話するように交互に鳴らしたりする活動がある。

●副次的な旋律

主な旋律の流れに合わせた，音の高さやリズムの違う別の旋律のこと。主な旋律を飾るように流れる旋律も含む。

●思いや意図

思いとは，このように歌いたい，演奏したい，このような音楽をつくりたいという願いともいえるような考え。意図とは，思いを表現の仕方としてより具体化した考え。思いや意図をもつとは，「前半は弾んだ感じを，後半はゆったりとした感じを表したいから，前半は音を切るように弾ませ，後半は音をつなげてなめらかに演奏しよう」というような考えをもつことである。

●自然で無理のない歌い方

①児童一人ひとりの声の持ち味を生かしている，②曲想にふさわしい自然な歌い方，③成長の過程にある児童の声帯に無理のかからない歌い方，この三つが揃った歌い方である。

●移動ド唱法

調の主音が五線のどこにあっても，その調の主音を「ド」として「ドレミファソラシド」で歌う歌い方（短調では主音を「ラ」とする）。楽譜を読むときによく使われる。階名唱ともいう。

●範唱，範奏

音楽学習の方法で，範唱は，歌唱指導の際，歌の教材を教師が歌い模範的に示すことをいう。範奏は，器楽指導の際，器楽の教材を教師が演奏し模範的に示すことをいう。

●聴唱法，視唱法

音楽学習の方法で，聴唱法は，教師が歌う声（範唱）を直接的に聴覚で受け止め，それを再表現することで，視唱法は，楽譜を見て旋律やリズ

ムの動きを読み取り，それを声で表現すること
をいう。

●階名模唱，階名暗唱

音楽学習の方法で，階名模唱は，旋律やリズ
ムの動きを感覚的に習得するために，歌詞を付
けて歌った教材を教師が階名（ド，レ，ミ，ファ）
によって歌い，児童が模倣することで，階名暗
唱は，そのことを繰り返すことで，教材曲を階
名で歌えるように暗唱することをいう。

●紹介文

楽曲に対する自分の味わいやよさを紹介する
文章。批評文の一種。紹介文を書かせることは，
鑑賞の領域で，楽曲の特徴や演奏のよさを理解
する能力を育てるために行う活動である。紹介
文の内容には以下の三点が入っていることが必
要である。

① 楽曲を聴いて想像したことや感じ取ったこ
とを書く。② なぜそう想像したり感じ取ったり
したのか，理由を音楽の要素や仕組みの中に探
して書く。③ ①と②をつなげて，自分はどこが
よいと思うか，自分の意見を書く。

2．学習指導に関する用語

●学習指導要領（course of study）

我が国の公教育を担う小，中，高等学校，及
び特別支援学校の学校教育における教育課程編
成上の全国的な基準と示されているもの（幼稚
園教育の場合は，幼稚園教育要領という）。

その内容構成は，平成29年告示小学校学習指
導要領によると，第1章　総則（教育課程編成
の一般方針，授業時数の取扱い等），第2章　各
教科（国語，算数，音楽等の各教科の目標，各
学年の目標及び内容，指導計画の作成と内容の
取扱い），第3章　特別の教科 道徳，第4章
外国語活動，第5章　総合的な学習の時間，第
6章　特別活動，となっている。中学校の場合
も同様である。

●題材（learning materials）

「題材」は，活動の材料を指す用語であり，音
楽科では年間指導計画や学習指導の単位として

1960年代より慣例的に使われてきている。それ
は教材曲が学習活動を組織するという考え方が
伝統的に強かったからである。

●単元（unit）

「単元」とは，主題や目標を中心に，教材と学
習の経験を，授業の方法を想定して組織した学
習のまとまりであり，カリキュラムの単位であ
る（佐藤学（1996）『教育方法学』岩波書店，
p.193）。児童にまとまりのある思考を形成する
ためには，指導内容と児童の経験とを有機的に組
織付ける「単元」が適切である。本書では「単元」
の考え方に立つ。

●共通教材

日本のどの地域に住む児童でも，あるいは世
代を越えて共通の教材を通して交流が図れるよ
うにすることを意図し設定されたものである。
昭和33年告示の小学校学習指導要領・音楽では，
歌唱領域では，愛唱歌を身に付けさせることか
ら，各学年に文部省唱歌を中心に3曲が，そして，
鑑賞領域でも愛好曲をもたせることをねらいと
し各学年3曲が指定された。平成10年告示の小
学校学習指導要領・音楽からは，鑑賞領域は共通
教材を示すことを取り止めている。平成29年告
示の小学校学習指導要領・音楽の歌唱の共通教材
は，第一学年から第四学年までは，各学年4曲
が指定され，すべてを扱うこと，第五学年と第
六学年は，4曲が指定され，その中から3曲を
扱うこととなっている。

3．評価に関する用語

（1）学力

●学力

人間の能力の中でも，学校を中心とする意図
的な教育によって具体的な形として発現したも
のを指す。学習指導要領では「学校教育法」が
定める学力の三要素，すなわち「知識・技能」「思
考力・判断力・表現力等」「主体的に学習に取り
組む態度」を学校教育で育成する資質・能力とし
ている。そこには，知覚・感受，知識・理解，
技能，思考・判断・表現，関心・意欲・態度等

158　資料　音楽教育主要用語

が含まれる。

●新学力観

　これまでは，学力を知識・技能等，誰もが誰にでも共通に伝えることができる能力で，しかも，目に見え，量的に測定できる能力としてきた。しかし，今日の教育においては，誰にでも共通に分かち伝えることが必ずしもできず，また量的にも測定できない感性の能力や思考力や関心・意欲・態度などの情意の能力の育成が求められている。そこで新学力観を整理すると，学校の教育によって育成されるもので，「知識・技能など量的に測定できる能力」と，「関心・意欲・態度や，思考・判断・表現等，必ずしも量的に測定できない能力」を指す。そして，これらの量的に測定できない能力と量的に測定できる能力を関連させながら育成するものとなる。

（2）新しい学習評価

●目標に準拠した評価

　評定の判断の根拠が，学習指導の目標におかれるということである。目標は，学習指導要領が示す指導内容から導き出される。その目標が実現されているかどうかで評定を行うのである。これまでは「集団に準拠した評価」であった。それは評定の判断の根拠を，集団において正規分布曲線を描くような分布にするというものである。しかし，平成13年の指導要録の改善で「目標に準拠した評価」に改められた。このことは戦後学校教育の評価の大きな転換といえる。

　とりわけ音楽科の場合，これまで活動はあるものの活動を通して何を学習させるのかという目標が不明確な傾向があったので，指導の目標を意識して学習指導案を立案する必要がある。

●指導事項

　小学校学習指導要領（音楽）の構成は，「目標」「各学年の目標及び内容」「指導計画の作成と内容の取扱い」からなっている。この中の「各学年の目標及び内容」の「内容」は，「A表現」，「B鑑賞」および〔共通事項〕から成立し，この「表現」と「鑑賞」の下に「表現」では歌唱，器楽，

音楽づくりの活動分野ごとに，「鑑賞」では，鑑賞の活動分野に指導事項があげてある。

●共通事項

　「A表現」と「B鑑賞」の指導事項を学習させる際に，すべての活動で共通に指導すべき内容が〔共通事項〕である。〔共通事項〕の学習は，すべての音楽活動の基盤として位置づく。その中身は，ア「音楽を形づくっている要素」を知覚し，それらの働きが生み出す特質や曲想を感受すること，そして知覚したことと感受したことの関連を考えること，それとイ「音楽を形づくっている要素」の働きを示す用語や記号について，音楽における働きと関わらせて理解することである。

　アの「音楽を形づくっている要素」とは，音色，リズム，速度，旋律などの「音楽を特徴付けている要素」と，反復，呼びかけとこたえ，変化，音楽の縦と横との関係などの「音楽の仕組み」である。そして，イの記号や用語は，アの知覚・感受と結びつけて活動を通して学習されるものである。

●指導内容

　指導内容は，それぞれの指導事項による具体的活動で，児童に修得させたい内容となるものである。活動にこの指導内容が設定されていなければ学習は成立しない。したがって，それぞれの指導事項から，必ず指導内容を導き出さなければならない。

　音楽科の指導内容は，①音楽の形式的側面（音楽の諸要素と仕組み），②音楽の内容的側面（気分・曲想・雰囲気・豊かさ・美しさ等），③音楽の文化的側面（風土・文化・歴史），④音楽の技能的側面（歌唱・器楽の表現技能，合唱・合奏の技能，批評の技能，楽譜や音楽用語に関する知識・理解）からなる。そして，実際に学習指導として展開するときには，これに⑤情意の側面（関心・意欲・態度）が加わる。

●絶対評価と相対評価

　絶対評価は，教育目標に対し，児童がどの程度実現しているかを評価する方法である。これ

159

に対し相対評価は，児童が学級，学年，同一地域，さらに全国の集団の中でどの位置にいるかという基準で評価する方法である。これまで，学校の評価となると，相対評価が中心であったが，新しい評価観では学習指導要領に示す目標に照らしてその実現状況を評価する絶対評価となった。

（3）観点別学習状況の評価

●観点別学習状況の評価

旧来のように実技試験やペーパーテストによって「知識・技能」だけから評価するのではなく，いくつかの観点から評価を行うという考え方である。学力を一つの側面からではなく，いくつかの側面からとらえようという考え方が基にある。これは「新しい学力観」からきている。これまで，目に見えやすい知識・技能の量として学力をとらえがちであったが，知識・技能だけではなく，それらを支える思考力・判断力，および関心・意欲・態度も含めて学力をとらえるという立場である。評価の観点は，学力の三要素を柱として「知識・技能」「思考・判断・表現」「主体的に学習に取り組む態度」から設定される。

●「主体的に学習に取り組む態度」

授業においては，具体的には関心・意欲・態度といった学習対象に取り組む態度を評価することになる。そこでは単に音楽が好きか，音楽に熱心か，音楽学習に真面目に取り組んでいるかということではなく，この単元での指導内容に関心や問題意識や目的をもって注意や意識を向けているかという点を見る。

●「思考・判断・表現」

音楽を形づくっている要素を知覚し，それらの働きが生み出す特質や雰囲気を感受しながら，表現領域では，音楽表現を工夫し，どのように表すかについて思いや意図をもって思考する状況を評価する。つまり，音楽的な感受に基づきながら創意工夫をしている状況を把握していくことになる。また，鑑賞領域では，知覚・感受した内容を，楽曲の背景を含めて楽曲全体の味わ

いとして構成していく状況を評価することになる。

●知覚・感受

音楽を形づくっている要素を聴き取り，要素の働きが生み出す特質や曲想を感じ取ること。例えば，弦楽器の音色が他の楽器の音色と区別でき，楽曲での弦楽器の音色が生み出しているやわらかさや艶というような特質や雰囲気を感じ取るということである。見えにくい学力であるが，音楽学習の要となるものである。

●創意工夫

表現活動における音楽的な思考の行為である。具体的には，声の出し方や楽器の演奏の仕方に興味をもって，音の響きや曲想に気を付けて演奏しようとする過程となる。また，音をいろいろ工夫して自分自身の音楽をつくって表現する過程となる。このような過程では，児童が，音楽に対して知覚・感受したことを基に，音や音の扱い方を選択し，発想やアイデアを生み出し，音楽的思考を進めていく能力が見られる。これも目に見えにくい学力であるが，これを育てることは，生涯にわたって主体的に音楽学習に取り組む姿勢を育てることになる。

●解釈・価値判断

鑑賞活動における音楽的な思考の行為である。具体的には，楽曲を特徴付けている要素や要素の関連を知覚・感受し，知覚・感受した内容を関連付けて，楽曲全体に対する自分なりの解釈を考える。そして自分にとってその楽曲のどこに意味があるかを価値判断する過程となる。このような過程では，児童が，音楽に対して知覚・感受したことを基に，いろいろな解釈から適した解釈を選択し，自分にとっての価値を問いながら音楽的思考を進めていく能力が見られる。これも目に見えにくい学力であるが，これを育てることは，生涯にわたって主体的に音楽学習に取り組む姿勢を育てることになる。

●「知識・技能」

知識とは「わかっている」ということ，技能とは「できる」ということである。知識・技能は，

表現活動および鑑賞活動において，音楽的な思考を行う過程で活用する材料となり道具となる。このような知識・技能は，音楽活動と切り離してではなく，音楽活動を通して学習させる。

〔共通事項〕で学習する事項は音楽的な思考の基盤であり，表現活動および鑑賞活動に共通する知識となりうる。また，楽器の扱い方や演奏法等，音楽活動において音との相互作用で得た概念が知識となりうる。

技能とは，音楽活動において感じたり考えたりしたことを人に伝えるときに様々な道具（音，言葉，身体等）を使うが，その道具を扱う能力をいう。具体的には，児童のイメージや思いや意図等を自ら声や楽器で表現して伝える能力をいう。例えばリコーダー演奏で，遠くへ広がる響きをイメージし，それを表すようになめらかに吹きたいと思った場合，実際，聴き手にそれが伝わるように，息や指や身体を使ってリコーダーからそのような音楽を生み出すことができるということが音楽表現の技能である。単にタンギングができるか等を単独に見るものではない。

鑑賞活動においても技能（「できる」こと）は必要とされる。鑑賞活動では，楽曲を解釈したり価値を考えたりして，よさや美しさを味わって聴くことが目指される。ここで使われる道具としては，言語が基本となる。他に，身体的動きや絵も道具になるが，それらは言語と補完して使われるとき効果を発揮する。自分の楽曲解釈や味わいや批評を人に伝える場合，音楽専門用語を適切に使うと人に伝えやすい。伝えることができるというのは一種の技能とみることができる。

（4）評価方法
●アセスメントシート

アセスメントとは査定という意味をもつ。質的評価の重要性が主張されるようになってきたことから，評価の分野でよく使われるようになってきた。価値判断（evaluation）をする前に，

学習の状況がどうなっているかを把握することをいう。そのための質問紙をアセスメントシートという。内容としては，授業での活動を通してわかったことや疑問に思ったことや感じたことを振り返る，学習したことを新しい問題で応用してみる，自分の学習を総合して課題について考察を述べる，ということが含まれる。単元の終わりや学習の一区切りに実施することが多く，アセスメントシートによって児童自身も学習のまとめができるという利点がある。

●ワークシート

学習課題に対する回答を活動の前後あるいは最中に書き込むための用紙である。学習ノート，学習カードともいう。アセスメントシートが学習の区切り時に学習の確認のために実施されるのに対して，ワークシートは学習過程で自分の学習を次へ進めるために実施される。

活動が活動で終わらず，活動を通して発見したことや新たに感じたことなどを自分で確認するのに有効である。それらを記録しておくことで，他者ともコミュニケーションが可能となる。その意味で，ワークシートに書かれたこと自体を教材として授業を展開することができる。

●ポートフォリオ評価法

ポートフォリオとは学習の記録を紙ばさみに集積したものをいう。ポートフォリオ評価法は，紙ばさみに綴じられた記録を材料にその子どもの学習の履歴やストーリーを評価（assessment）するという方法である。学習の記録には，ワークシートだけでなく作品構成過程でのメモや演奏録音も含まれ，それらをたどることで個の変容を把握できる。これは，見えにくい学力である音楽的な感受や表現の工夫の有効な評価方法となる。

●批評文

鑑賞の授業で学習した音楽の諸要素とそれらが生み出す曲想とのかかわりを，楽曲全体からとらえ直すことで，楽曲に対する自分の解釈を作り出し，批評として記述したものである。それが感想文と違う点は，音楽の諸要素とそれら

161

が生み出す曲想との関連づけが書いてある点である。関連の付け方に児童の個性が発揮され, 鑑賞活動におけるいわば「作品」を生み出すという意味合いをもつ。

（5）評価規準
●評価規準
　質的な面での評価を行うためのより所とする規準である。児童のどこをみたらよいのかという視点を与える機能をもつ。平成13年の評価の改善では, 児童の能力でもとくに質的な面の評価を行うことが重視されるようになったことから, 物差しとしての「評価基準」ではなく, 視点としての「評価規準」が基本的に用いられる。
●具体の学習場面における評価規準
　単元におけるB「おおむね満足できる」と判断される学習状況を, 観点別評価の観点ごとに具体的な児童の姿として記述したもの。この記述内容は, 学習指導要領の解説をもとにする。これに照らして目標の実現状況をABCで判断する。つまり単元での評価の規準となる。
●評価基準
　評価の際の物差しになるものである。「評価規準」が質的な評価に使用されるのに対して, この「評価基準」は量的な水準や程度を測るのに使われる。
　観点別学習状況ではその結果が, A「十分満足できると判断されるもの」, B「おおむね満足できると判断されるもの」, C「努力を要すると判断されるもの」という段階で表される。そこでは, まずBであるかCであるかを判断し, Bの中でも顕著な姿をAであると判断する。このような判断は, 指導内容に照らして物差しを当てる行為といえる。
●観点ごとの総括
　観点ごとの総括は, 観点別学習状況の評価で出されたABC表示を, 観点ごとにまとめることをいう。総括の場面は, ①単元の終了, ②学期末, ③学年末の三つの時期にある。そして, 単元, 学期末, 学年末という段階で順に総括し

ていく。総括の方法は学校ごとの工夫にゆだねられている。

（6）評価の総括
●評定への総括
　観点別学習状況の評価から評定を導き出すことをいう。評定とは, 評価の中でも評点や符号によって等級づけするものをいう。小学校の場合は, 中・高学年においては, 1から3までの評点を使う。観点別評価のB「おおむね満足できると判断されるもの」が基準となり, それを2とする。あとのA「十分満足できると判断されるもの」は3になり, C「努力を要すると判断されるもの」は1になる。
●「努力を要する」児童への手だて
　平成13年の評価の改善では, 「集団に準拠した評価」から「目標に準拠した評価」に転換した。したがって, C「努力を要する」と判断される児童が出るということはあってはならないこととされている。Cの状況に至らないよう, 教師は指導の過程でC判断のおそれのある児童にどういう手だてをとればよいのか考えておく必要がある。そのためにも, 音楽授業ではともすれば集団として児童をとらえてしまう傾向が強いが個々の児童の学習状況が浮かび上がるような活動を企画することが求められる。

（西園芳信・小島律子）

＊この用語集は平成29年改訂小学校学習指導要領解説に基づく。

162　資料　音楽教育主要用語

平成29年小学校学習指導要領（音楽）　教科の目標，各学年の目標及び内容と各学年の内容の取扱い

第1　　目標　表現及び鑑賞の活動を通して，音楽的な見方・考え方を働かせ，生活や社会の中の音や音楽と豊かに関わる資質・能力を次のとおり育成することを目指す。
　　　　　(1)　曲想と音楽の構造などとの関わりについて理解するとともに，表したい音楽表現をするために必要な技能を身に付けるようにする。【知識及び技能】
　　　　　(2)　音楽表現を工夫することや，音楽を味わって聴くことができるようにする。【思考力，判断力，表現力等】
　　　　　(3)　音楽活動の楽しさを体験することを通して，音楽を愛好する心情と音楽に対する感性を育むとともに，音楽に親しむ態度を養い，豊かな情操を培う。【学びに向かう力，人間性等】

			第1学年及び第2学年
第2　各学年の目標及び内容	1　目標	知識及び技能	(1)　曲想と音楽の構造などとの関わりについて気付くとともに，音楽表現を楽しむために必要な歌唱，器楽，音楽づくりの技能を身に付けるようにする。
		思考力，判断力，表現力等	(2)　音楽表現を考えて表現に対する思いをもつことや，曲や演奏の楽しさを見いだしながら音楽を味わって聴くことができるようにする。
		学びに向かう力，人間性等	(3)　楽しく音楽に関わり，協働して音楽活動をする楽しさを感じながら，身の回りの様々な音楽に親しむとともに，音楽経験を生かして生活を明るく潤いのあるものにしようとする態度を養う。
	2　内容	A　表現	(1)　歌唱の活動を通して，次の事項を身に付けることができるよう指導する。
		思考力，判断力，表現力等	ア　歌唱表現についての知識や技能を得たり生かしたりしながら，曲想を感じ取って表現を工夫し，どのように歌うかについて思いをもつこと。
		知識	イ　曲想と音楽の構造との関わり，曲想と歌詞の表す情景や気持ちとの関わりについて気付くこと。
		技能	ウ　思いに合った表現をするために必要な次の(ア)から(ウ)までの技能を身に付けること。 　(ア)　範唱を聴いて歌ったり，階名で模唱したり暗唱したりする技能 　(イ)　自分の歌声及び発音に気を付けて歌う技能 　(ウ)　互いの歌声や伴奏を聴いて，声を合わせて歌う技能
			(2)　器楽の活動を通して，次の事項を身に付けることができるよう指導する。
		思考力，判断力，表現力等	ア　器楽表現についての知識や技能を得たり生かしたりしながら，曲想を感じ取って表現を工夫し，どのように演奏するかについて思いをもつこと。
		知識	イ　次の(ア)及び(イ)について気付くこと。 　(ア)　曲想と音楽の構造との関わり　　　(イ)　楽器の音色と演奏の仕方との関わり
		技能	ウ　思いに合った表現をするために必要な次の(ア)から(ウ)までの技能を身に付けること。 　(ア)　範奏を聴いたり，リズム譜などを見たりして演奏する技能 　(イ)　音色に気を付けて，旋律楽器及び打楽器を演奏する技能 　(ウ)　互いの楽器の音や伴奏を聴いて，音を合わせて演奏する技能
			(3)　音楽づくりの活動を通して，次の事項を身に付けることができるよう指導する。
		思考力，判断力，表現力等	ア　音楽づくりについての知識や技能を得たり生かしたりしながら，次の(ア)及び(イ)をできるようにすること。 　(ア)　音遊びを通して，音楽づくりの発想を得ること。 　(イ)　どのように音を音楽にしていくかについて思いをもつこと。
		知識	イ　次の(ア)及び(イ)について，それらが生み出す面白さなどと関わらせて気付くこと。 　(ア)　声や身の回りの様々な音の特徴　　　(イ)　音やフレーズのつなげ方の特徴
		技能	ウ　発想を生かした表現や，思いに合った表現をするために必要な次の(ア)及び(イ)の技能を身に付けること。 　(ア)　設定した条件に基づいて，即興的に音を選んだりつなげたりして表現する技能 　(イ)　音楽の仕組みを用いて，簡単な音楽をつくる技能
		B　鑑賞	(1)　鑑賞の活動を通して，次の事項を身に付けることができるよう指導する。
		思考力，判断力，表現力等	ア　鑑賞についての知識を得たり生かしたりしながら，曲や演奏の楽しさを見いだし，曲全体を味わって聴くこと。
		知識	イ　曲想と音楽の構造との関わりについて気付くこと。
		〔共通事項〕	(1)　「A表現」及び「B鑑賞」の指導を通して，次の事項を身に付けることができるよう指導する。
		思考力，判断力，表現力等	ア　音楽を形づくっている要素を聴き取り，それらの働きが生み出すよさや面白さ，美しさを感じ取りながら，聴き取ったことと感じ取ったこととの関わりについて考えること。
		知識	イ　音楽を形づくっている要素及びそれらに関わる身近な音符，休符，記号や用語について，音楽における働きと関わらせて理解すること。
	3　内容の取扱い		(1)　歌唱教材は次に示すものを取り扱う。
			ア　主となる歌唱教材については，各学年ともイの共通教材を含めて，斉唱及び輪唱で歌う曲
			イ　共通教材 　〔第1学年〕「うみ」（文部省唱歌）林柳波（はやしりゅうは）作詞　井上武士（いのうえたけし）作曲 　　　　　　　「かたつむり」（文部省唱歌） 　　　　　　　「日のまる」（文部省唱歌）高野辰之（たかのたつゆき）作詞　岡野貞一（おかのていいち）作曲 　　　　　　　「ひらいたひらいた」（わらべうた） 　〔第2学年〕「かくれんぼ」（文部省唱歌）林柳波作詞　下総皖一（しもふさかんいち）作曲 　　　　　　　「春がきた」（文部省唱歌）高野辰之作詞　岡野貞一作曲 　　　　　　　「虫のこえ」（文部省唱歌） 　　　　　　　「夕やけこやけ」中村雨紅（なかむらうこう）作詞　草川信（くさかわしん）作曲
			(2)　主となる器楽教材については，既習の歌唱教材を含め，主旋律に簡単なリズム伴奏や低声部などを加えた曲を取り扱う。
			(3)　鑑賞教材は次に示すものを取り扱う。
			ア　我が国及び諸外国のわらべうたや遊びうた，行進曲や踊りの音楽など体を動かすことの快さを感じ取りやすい音楽，日常の生活に関連して情景を思い浮かべやすい音楽など，いろいろな種類の曲
			イ　音楽を形づくっている要素の働きを感じ取りやすく，親しみやすい曲
			ウ　楽器の音色や人の声の特徴を捉えやすく親しみやすい，いろいろな演奏形態による曲

163

<table>
<tr><td colspan="4" align="center">第３学年及び第４学年</td></tr>
<tr>
<td rowspan="3">１
目標</td>
<td>知識及び技能</td>
<td colspan="2">(1) 曲想と音楽の構造などとの関わりについて気付くとともに，表したい音楽表現をするために必要な歌唱，器楽，音楽づくりの技能を身に付けるようにする。</td>
</tr>
<tr>
<td>思考力，表現力等</td>
<td colspan="2">(2) 音楽表現を考えて表現に対する思いや意図をもつことや，曲や演奏のよさなどを見いだしながら音楽を味わって聴くことができるようにする。</td>
</tr>
<tr>
<td>学びに向かう力，人間性等</td>
<td colspan="2">(3) 進んで音楽に関わり，協働して音楽活動をする楽しさを感じながら，様々な音楽に親しむとともに，音楽経験を生かして生活を明るく潤いのあるものにしようとする態度を養う。</td>
</tr>
<tr><td rowspan="27">２
内容</td><td rowspan="18">A
表現</td><td colspan="2">(1) 歌唱の活動を通して，次の事項を身に付けることができるよう指導する。</td></tr>
<tr><td>思考力，判断力，表現力等</td><td>ア　歌唱表現についての知識や技能を得たり生かしたりしながら，曲の特徴を捉えた表現を工夫し，どのように歌うかについて思いや意図をもつこと。</td></tr>
<tr><td>知識</td><td>イ　曲想と音楽の構造や歌詞の内容との関わりについて気付くこと。</td></tr>
<tr><td>技能</td><td>ウ　思いや意図に合った表現をするために必要な次の(ｱ)から(ｳ)までの技能を身に付けること。
(ｱ)　範唱を聴いたり，ハ長調の楽譜を見たりして歌う技能
(ｲ)　呼吸及び発音の仕方に気を付けて，自然で無理のない歌い方で歌う技能
(ｳ)　互いの歌声や副次的な旋律，伴奏を聴いて，声を合わせて歌う技能</td></tr>
<tr><td colspan="2">(2) 器楽の活動を通して，次の事項を身に付けることができるよう指導する。</td></tr>
<tr><td>思考力，判断力，表現力等</td><td>ア　器楽表現についての知識や技能を得たり生かしたりしながら，曲の特徴を捉えた表現を工夫し，どのように演奏するかについて思いや意図をもつこと。</td></tr>
<tr><td>知識</td><td>イ　次の(ｱ)及び(ｲ)について気付くこと。
(ｱ)　曲想と音楽の構造との関わり
(ｲ)　楽器の音色や響きと演奏の仕方との関わり</td></tr>
<tr><td>技能</td><td>ウ　思いや意図に合った表現をするために必要な次の(ｱ)から(ｳ)までの技能を身に付けること。
(ｱ)　範奏を聴いたり，ハ長調の楽譜を見たりして演奏する技能
(ｲ)　音色や響きに気を付けて，旋律楽器及び打楽器を演奏する技能
(ｳ)　互いの楽器の音や副次的な旋律，伴奏を聴いて，音を合わせて演奏する技能</td></tr>
<tr><td colspan="2">(3) 音楽づくりの活動を通して，次の事項を身に付けることができるよう指導する。</td></tr>
<tr><td>思考力，判断力，表現力等</td><td>ア　音楽づくりについての知識や技能を得たり生かしたりしながら，次の(ｱ)及び(ｲ)をできるようにすること。
(ｱ)　即興的に表現することを通して，音楽づくりの発想を得ること。
(ｲ)　音を音楽へと構成することを通して，どのようにまとまりを意識した音楽をつくるかについて思いや意図をもつこと。</td></tr>
<tr><td>知識</td><td>イ　次の(ｱ)及び(ｲ)について，それらが生み出すよさや面白さなどと関わらせて気付くこと。
(ｱ)　いろいろな音の響きやそれらの組合せの特徴
(ｲ)　音やフレーズのつなげ方や重ね方の特徴</td></tr>
<tr><td>技能</td><td>ウ　発想を生かした表現や，思いや意図に合った表現をするために必要な次の(ｱ)及び(ｲ)の技能を身に付けること。
(ｱ)　設定した条件に基づいて，即興的に音を選択したり組み合わせたりして表現する技能
(ｲ)　音楽の仕組みを用いて，音楽をつくる技能</td></tr>
<tr><td rowspan="3">B
鑑賞</td><td colspan="2">(1) 鑑賞の活動を通して，次の事項を身に付けることができるよう指導する。</td></tr>
<tr><td>思考力，判断力，表現力等</td><td>ア　鑑賞についての知識を得たり生かしたりしながら，曲や演奏のよさなどを見いだし，曲全体を味わって聴くこと。</td></tr>
<tr><td>知識</td><td>イ　曲想及びその変化と，音楽の構造との関わりについて気付くこと。</td></tr>
<tr><td rowspan="3">〔共通事項〕</td><td colspan="2">(1) 「A表現」及び「B鑑賞」の指導を通して，次の事項を身に付けることができるよう指導する。</td></tr>
<tr><td>思考力，判断力，表現力等</td><td>ア　音楽を形づくっている要素を聴き取り，それらの働きが生み出すよさや面白さ，美しさを感じ取りながら，聴き取ったことと感じ取ったこととの関わりについて考えること。</td></tr>
<tr><td>知識</td><td>イ　音楽を形づくっている要素及びそれらに関わる音符，休符，記号や用語について，音楽における働きと関わらせて理解すること。</td></tr>
</table>

<table>
<tr>
<td rowspan="7">３
内容の取扱い</td>
<td colspan="2">(1) 歌唱教材は次に示すものを取り扱う。</td>
</tr>
<tr>
<td colspan="2">ア　主となる歌唱教材については，各学年ともイの共通教材を含めて，斉唱及び簡単な合唱で歌う曲</td>
</tr>
<tr>
<td colspan="2">イ　共通教材
〔第３学年〕
　「うさぎ」（日本古謡）
　「茶つみ」（文部省唱歌）
　「春の小川」（文部省唱歌）高野辰之作詞　岡野貞一作曲
　「ふじ山」（文部省唱歌）巌谷小波（いわやさざなみ）作詞
〔第４学年〕
　「さくらさくら」（日本古謡）
　「とんび」葛原（くずはら）しげる作詞　梁田貞（やなだただし）作曲
　「まきばの朝」（文部省唱歌）船橋栄吉（ふなばしえいきち）作曲
　「もみじ」（文部省唱歌）高野辰之作詞　岡野貞一作曲</td>
</tr>
<tr>
<td colspan="2">(2) 主となる器楽教材については，既習の歌唱教材を含め，簡単な重奏や合奏などの曲を取り扱う。</td>
</tr>
<tr>
<td colspan="2">(3) 鑑賞教材は次に示すものを取り扱う。</td>
</tr>
<tr>
<td colspan="2">ア　和楽器の音楽を含めた我が国の音楽，郷土の音楽，諸外国に伝わる民謡など生活との関わりを捉えやすい音楽，劇の音楽，人々に長く親しまれている音楽など，いろいろな種類の曲</td>
</tr>
<tr>
<td colspan="2">イ　音楽を形づくっている要素の働きを感じ取りやすく，聴く楽しさを得やすい曲
ウ　楽器や人の声による演奏表現の違いを聴き取りやすい，独奏，重奏，独唱，重唱を含めたいろいろな演奏形態による曲</td>
</tr>
</table>

第２　各学年の目標及び内容

<table>
<tr><td colspan="3" align="center">第５学年及び第６学年</td></tr>
<tr>
<td rowspan="3">1
目標</td>
<td>知識及び技能</td>
<td>(1)　曲想と音楽の構造などとの関わりについて理解するとともに，表したい音楽表現をするために必要な歌唱，器楽，音楽づくりの技能を身に付けるようにする。</td>
</tr>
<tr>
<td>思考力，判断力，表現力等</td>
<td>(2)　音楽表現を考えて表現に対する思いや意図をもつことや，曲や演奏のよさなどを見いだしながら音楽を味わって聴くことができるようにする。</td>
</tr>
<tr>
<td>学びに向かう力，人間性等</td>
<td>(3)　主体的に音楽に関わり，協働して音楽活動をする楽しさを味わいながら，様々な音楽に親しむとともに，音楽経験を生かして生活を明るく潤いのあるものにしようとする態度を養う。</td>
</tr>
</table>

第2　各学年の目標及び内容

2　内容

A　表現

(1)　歌唱の活動を通して，次の事項を身に付けることができるよう指導する。

思考力，判断力，表現力等	ア　歌唱表現についての知識や技能を得たり生かしたりしながら，曲の特徴にふさわしい表現を工夫し，どのように歌うかについて思いや意図をもつこと。
知識	イ　曲想と音楽の構造や歌詞の内容との関わりについて理解すること。
技能	ウ　思いや意図に合った表現をするために必要な次の(ｱ)から(ｳ)までの技能を身に付けること。 　(ｱ)　範唱を聴いたり，ハ長調及びイ短調の楽譜を見たりして歌う技能 　(ｲ)　呼吸及び発音の仕方に気を付けて，自然で無理のない，響きのある歌い方で歌う技能 　(ｳ)　各声部の歌声や全体の響き，伴奏を聴いて，声を合わせて歌う技能

(2)　器楽の活動を通して，次の事項を身に付けることができるよう指導する。

思考力，判断力，表現力等	ア　器楽表現についての知識や技能を得たり生かしたりしながら，曲の特徴にふさわしい表現を工夫し，どのように演奏するかについて思いや意図をもつこと。
知識	イ　次の(ｱ)及び(ｲ)について理解すること。 　(ｱ)　曲想と音楽の構造との関わり 　(ｲ)　多様な楽器の音色や響きと演奏の仕方との関わり
技能	ウ　思いや意図に合った表現をするために必要な次の(ｱ)から(ｳ)までの技能を身に付けること。 　(ｱ)　範奏を聴いたり，ハ長調及びイ短調の楽譜を見たりして演奏する技能 　(ｲ)　音色や響きに気を付けて，旋律楽器及び打楽器を演奏する技能 　(ｳ)　各声部の楽器の音や全体の響き，伴奏を聴いて，音を合わせて演奏する技能

(3)　音楽づくりの活動を通して，次の事項を身に付けることができるよう指導する。

思考力，判断力，表現力等	ア　音楽づくりについての知識や技能を得たり生かしたりしながら，次の(ｱ)及び(ｲ)をできるようにすること。 　(ｱ)　即興的に表現することを通して，音楽づくりの様々な発想を得ること。 　(ｲ)　音を音楽へと構成することを通して，どのように全体のまとまりを意識した音楽をつくるかについて思いや意図をもつこと。
知識	イ　次の(ｱ)及び(ｲ)について，それらが生み出すよさや面白さなどと関わらせて理解すること。 　(ｱ)　いろいろな音の響きやそれらの組合せの特徴 　(ｲ)　音やフレーズのつなげ方や重ね方の特徴
技能	ウ　発想を生かした表現や，思いや意図に合った表現をするために必要な次の(ｱ)及び(ｲ)の技能を身に付けること。 　(ｱ)　設定した条件に基づいて，即興的に音を選択したり組み合わせたりして表現する技能 　(ｲ)　音楽の仕組みを用いて，音楽をつくる技能

B　鑑賞

(1)　鑑賞の活動を通して，次の事項を身に付けることができるよう指導する。

思考力，判断力，表現力等	ア　鑑賞についての知識を得たり生かしたりしながら，曲や演奏のよさなどを見いだし，曲全体を味わって聴くこと。
知識	イ　曲想及びその変化と，音楽の構造との関わりについて理解すること。

〔共通事項〕

(1)　「A表現」及び「B鑑賞」の指導を通して，次の事項を身に付けることができるよう指導する。

思考力，判断力，表現力等	ア　音楽を形づくっている要素を聴き取り，それらの働きが生み出すよさや面白さ，美しさを感じ取りながら，聴き取ったことと感じ取ったこととの関わりについて考えること。
知識	イ　音楽を形づくっている要素及びそれらに関わる音符，休符，記号や用語について，音楽における働きと関わらせて理解すること。

3　内容の取扱い

(1)　歌唱教材は次に示すものを取り扱う。

ア　主となる歌唱教材については，各学年ともイの共通教材の中の３曲を含めて，斉唱及び合唱で歌う曲

イ　共通教材

〔第５学年〕
　「こいのぼり」（文部省唱歌）
　「子もり歌」（日本古謡）
　「スキーの歌」（文部省唱歌）林柳波作詞　橋本国彦（はしもとくにひこ）作曲
　「冬げしき」（文部省唱歌）

〔第６学年〕
　「越天楽今様（えてんらくいまよう）（歌詞は第２節まで）」（日本古謡）慈鎮（じちん）和尚作歌
　「おぼろ月夜」（文部省唱歌）高野辰之作詞　岡野貞一作曲
　「ふるさと」（文部省唱歌）　高野辰之作詞　岡野貞一作曲
　「われは海の子（歌詞は第３節まで）」（文部省唱歌）

(2)　主となる器楽教材については，楽器の演奏効果を考慮し，簡単な重奏や合奏などの曲を取り扱う。

(3)　鑑賞教材は次に示すものを取り扱う。

ア　和楽器の音楽を含めた我が国の音楽や諸外国の音楽など文化との関わりを捉えやすい音楽，人々に長く親しまれている音楽など，いろいろな種類の曲

イ　音楽を形づくっている要素の働きを感じ取りやすく，聴く喜びを深めやすい曲

ウ　楽器の音や人の声が重なり合う響きを味わうことができる，合奏，合唱を含めたいろいろな演奏形態による曲

第３　指導計画の作成と内容の取扱い

1　指導計画の作成に当たっては，次の事項に配慮するものとする。

(1)　題材など内容や時間のまとまりを見通して，その中で育む資質・能力の育成に向けて，児童の主体的・対話的で深い学びの実現を図るようにすること。その際，音楽的な見方・考え方を働かせ，他者と協働しながら，音楽表現を生み出したり音楽を聴いてそのよさなどを見いだしたりするなど，思考，判断し，表現する一連の過程を大切にした学習の充実を図ること。

(2)　第２の各学年の内容の「Ａ表現」の(1)，(2)及び(3)の指導については，ア，イ及びウの各事項を，「Ｂ鑑賞」の(1)の指導については，ア及びイの各事項を適切に関連させて指導すること。

(3)　第２の各学年の内容の〔共通事項〕は，表現及び鑑賞の学習において共通に必要となる資質・能力であり，「Ａ表現」及び「Ｂ鑑賞」の指導と併せて，十分な指導が行われるよう工夫すること。

(4)　第２の各学年の内容の「Ａ表現」の(1)，(2)及び(3)並びに「Ｂ鑑賞」の(1)の指導については，適宜，〔共通事項〕を要として各領域や分野の関連を図るようにすること。

(5)　国歌「君が代」は，いずれの学年においても歌えるよう指導すること。

(6)　低学年においては，第１章総則の第２の４の(1)を踏まえ，他教科等との関連を積極的に図り，指導の効果を高めるようにするとともに，幼稚園教育要領等に示す幼児期の終わりまでに育ってほしい姿との関連を考慮すること。特に，小学校入学当初においては，生活科を中心とした合科的・関連的な指導や，弾力的な時間割の設定を行うなどの工夫をすること。

(7)　障害のある児童などについては，学習活動を行う場合に生じる困難さに応じた指導内容や指導方法の工夫を計画的，組織的に行うこと。

(8)　第１章総則の第１の２の(2)に示す道徳教育の目標に基づき，道徳科などとの関連を考慮しながら，第３章特別の教科道徳の第２に示す内容について，音楽科の特質に応じて適切な指導をすること。

2　第２の内容の取扱いについては，次の事項に配慮するものとする。

(1)　各学年の「Ａ表現」及び「Ｂ鑑賞」の指導に当たっては，次のとおり取り扱うこと。

ア　音楽によって喚起されたイメージや感情，音楽表現に対する思いや意図，音楽を聴いて感じ取ったことや想像したことなどを伝え合い共感するなど，音や音楽及び言葉によるコミュニケーションを図り，音楽科の特質に応じた言語活動を適切に位置付けられるよう指導を工夫すること。

イ　音楽との一体感を味わい，想像力を働かせて音楽と関わることができるよう，指導のねらいに即して体を動かす活動を取り入れること。

ウ　児童が様々な感覚を働かせて音楽への理解を深めたり，主体的に学習に取り組んだりすることができるようにするため，コンピュータや教育機器を効果的に活用できるよう指導を工夫すること。

エ　児童が学校内及び公共施設などの学校外における音楽活動とのつながりを意識できるようにするなど，児童や学校，地域の実態に応じ，生活や社会の中の音や音楽と主体的に関わっていくことができるよう配慮すること。

オ　表現したり鑑賞したりする多くの曲について，それらを創作した著作者がいることに気付き，学習した曲や自分たちのつくった曲を大切にする態度を養うようにするとともに，それらの著作者の創造性を尊重する意識をもてるようにすること。また，このことが，音楽文化の継承，発展，創造を支えていることについて理解する素地となるよう配慮すること。

(2)　和音の指導に当たっては，合唱や合奏などの活動を通して和音のもつ表情を感じ取ることができるようにすること。また，長調及び短調の曲においては，Ｉ，Ⅳ，Ｖ及びV₇などの和音を中心に指導すること。

(3)　我が国や郷土の音楽の指導に当たっては，そのよさなどを感じ取って表現したり鑑賞したりできるよう，音源や楽譜等の示し方，伴奏の仕方，曲に合った歌い方や楽器の演奏の仕方などの指導方法を工夫すること。

(4)　各学年の「Ａ表現」の(1)の歌唱の指導に当たっては，次のとおり取り扱うこと。

ア　歌唱教材については，我が国や郷土の音楽に愛着がもてるよう，共通教材のほか，長い間親しまれてきた唱歌，それぞれの地方に伝承されているわらべうたや民謡など日本のうたを含めて取り上げるようにすること。

イ　相対的な音程感覚を育てるために，適宜，移動ド唱法を用いること。

ウ　変声以前から自分の声の特徴に関心をもたせるとともに，変声期の児童に対して適切に配慮すること。

(5)　各学年の「Ａ表現」の(2)の楽器については，次のとおり取り扱うこと。

ア　各学年で取り上げる打楽器は，木琴，鉄琴，和楽器，諸外国に伝わる様々な楽器を含めて，演奏の効果，児童や学校の実態を考慮して選択すること。

イ　第１学年及び第２学年で取り上げる旋律楽器は，オルガン，鍵盤ハーモニカなどの中から児童や学校の実態を考慮して選択すること。

ウ 第3学年及び第4学年で取り上げる旋律楽器は，既習の楽器を含めて，リコーダーや鍵盤楽器，和楽器などの中から児童や学校の実態を考慮して選択すること。

エ 第5学年及び第6学年で取り上げる旋律楽器は，既習の楽器を含めて，電子楽器，和楽器，諸外国に伝わる楽器などの中から児童や学校の実態を考慮して選択すること。

オ 合奏で扱う楽器については，各声部の役割を生かした演奏ができるよう，楽器の特性を生かして選択すること。

(6) 各学年の「A表現」の(3)の音楽づくりの指導に当たっては，次のとおり取り扱うこと。

ア 音遊びや即興的な表現では，身近なものから多様な音を探したり，リズムや旋律を模倣したりして，音楽づくりのための発想を得ることができるよう指導すること。その際，適切な条件を設定するなど，児童が無理なく音を選択したり組み合わせたりすることができるよう指導を工夫すること。

イ どのような音楽を，どのようにしてつくるかなどについて，児童の実態に応じて具体的な例を示しながら指導するなど，見通しをもって音楽づくりの活動ができるよう指導を工夫すること。

ウ つくった音楽については，指導のねらいに即し，必要に応じて作品を記録させること。作品を記録する方法については，図や絵によるもの，五線譜など柔軟に指導すること。

エ 拍のないリズム，我が国の音楽に使われている音階や調性にとらわれない音階などを児童の実態に応じて取り上げるようにすること。

(7) 各学年の「B鑑賞」の指導に当たっては，言葉などで表す活動を取り入れ，曲想と音楽の構造との関わりについて気付いたり理解したり，曲や演奏の楽しさやよさなどを見いだしたりすることができるよう指導を工夫すること。

(8) 各学年の〔共通事項〕に示す「音楽を形づくっている要素」については，児童の発達の段階や指導のねらいに応じて，次のア及びイから適切に選択したり関連付けたりして指導すること。

ア 音楽を特徴付けている要素

音色，リズム，速度，旋律，強弱，音の重なり，和音の響き，音階，調，拍，フレーズなど

イ 音楽の仕組み

反復，呼びかけとこたえ，変化，音楽の縦と横との関係など

(9) 各学年の〔共通事項〕の(1)のイに示す「音符，休符，記号や用語」については，児童の学習状況を考慮して，次に示すものを音楽における働きと関わらせて理解し，活用できるよう取り扱うこと。

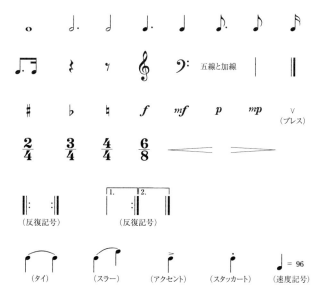

監修

清 村 百 合 子 （きよむら ゆりこ）　　京都教育大学教授

1999年大阪教育大学大学院教育学研究科修士課程音楽教育専攻修了。2010年兵庫教育大学大学院連合学校教育学研究科より博士（学校教育学）。京都教育大学准教授を経て現在。専門は音楽教育学，音楽科の授業論。著書に『音楽的経験における意味生成を原理とした小学校音楽科授業構成の研究』風間書房（単著），『学校における「わらべうた」教育の再創造—理論と実践—』黎明書房（共著），『音楽科　授業の理論と実践　生成の原理による授業の展開』あいり出版（共著）などがある。

執筆者（五十音順）

井 上 　 薫	大阪府岸和田市立朝陽小学校講師		田 中 龍 三	元大阪教育大学特任教授
衛 藤 晶 子	畿央大学教授		椿 本 恵 子	元大阪市立開平小学校教諭
小 川 由 美	琉球大学教授		鉄 口 真 理 子	鳴門教育大学教授
笠 井 か ほ る	元埼玉学園大学教授		董 　 芳 勝	創価大学准教授
樫 下 達 也	京都教育大学准教授		西 園 芳 信	鳴門教育大学名誉教授
兼 平 佳 枝	大阪教育大学准教授		廣 津 友 香	四天王寺大学非常勤講師
楠 井 晴 子	大阪府東大阪市立石切東小学校教諭		藤 本 佳 子	大阪教育大学特任講師
小 島 律 子	大阪教育大学名誉教授		牧 野 利 子	元川口短期大学教授
小 林 佐 知 子	就実大学大学院非常勤講師		松 本 絵 美 子	国立音楽大学附属小学校校長
坂 本 曉 美	四天王寺大学教授		松 本 康 子	大阪市立阪南小学校教諭
島 川 香 織	関西国際大学准教授		矢 倉 　 瞳	四天王寺大学専任講師
清 水 美 穂	元徳島県吉野川市立知恵島小学校教諭		大 和 　 贊	大阪教育大学非常勤講師
髙 橋 澄 代	元京都教育大学非常勤講師		横 山 朋 子	畿央大学准教授
竹 内 悦 子	京都教育大学非常勤講師		横 山 真 理	東海学園大学教授

表紙デザイン画：西園 政史

三訂版　小学校音楽科の学習指導　—生成の原理による授業デザイン—

2018年5月9日　　第一刷	監　修　清村百合子
2023年2月28日　　第四刷	発行者　東 谷 典 尚
2025年3月31日　　第五刷	発行所　あかつき教育図書株式会社

〒161-0033　東京都新宿区下落合 1-6-1 宮村ビル 2F
電話 03-3825-9266（編集）　03-3577-8966（営業）
https://www.aktk.co.jp/

ISBN978-4-908255-74-8　C1073　￥1750 E

○定価は表紙に表示してあります。
○落丁本・乱丁本はお取り替えします。
○本書の全部または一部の無断複写を禁じます。
日本音楽著作権協会（出）許諾第 1803373-505 号